Consejos para el Noviazgo Cristiano

Principios Bíblicos para un Noviazgo con Propósito

Jorge Lozano

CATEGORÍA: Vida Cristiana/Noviazgo Cristiano

Impreso en los Estados Unidos de América

ISBN-13:
ISBN-10:

Índice

1
Dios sabe lo que hace

A veces pensamos que podemos hacer lo que se nos da la gana sin sufrir consecuencia alguna. Creemos que podemos hacer todo lo que queremos porque, como no vemos a Dios, de seguro nos saldremos con la nuestra, ¿verdad? Pero yo quisiera que viéramos un pasaje muy importante.

Mi anhelo es que al leer el primer capítulo de este libro comprendas que la vida es sumamente seria, la vida es sumamente delicada, la vida es sumamente frágil y en cualquier momento podemos ser lanzados a la eternidad, y si no nos cuidamos, si no obedecimos al Señor, las consecuencias serán realmente aterradoras.

Mi deseo es que todo esto que vas a leer se te meta bien profundo en tu conciencia, y si piensas que he venido a asustar, tienes toda la razón: he venido a meterte un buen susto para que de una vez por todas reacciones.

Vamos a leer de cuando Samuel se encuentra con Saúl. Samuel era un profeta, un hombre realmente admirable, y este hombre nació porque su madre era una mujer tremenda que confiaba en Dios. Ella se llamaba Ana y era estéril. Su esposo quería tener hijos pero ella no podía tenerlos, así que un día fue desesperada al templo y clamó a Dios diciendo: "Señor, tú necesitas un profeta y yo necesito un hijo, dame un niño y yo te voy a dar un profeta", y Dios dijo "bueno, trato hecho."

Dios es un Dios de negocios, así que escuchó la plegaria de esta mujer y le concedió la dicha de tener un hijo. Y Samuel se levantó para ser un profeta extraordinario, y Dios lo usó para ungir al primer rey de Israel. En ese tiempo Dios no quería que Israel tuviera un rey porque sólo Él quería ser Su rey.

¿Por qué razón? Porque en realidad, si te das cuenta, ningún tipo de gobierno funciona, el único gobierno que funciona en el mundo es la teocracia. Porque ni la democracia, ni la dictadura, ni el comunismo, ni ningún otro tipo de gobierno humano funciona como debiera. Estos gobiernos empiezan muy bien, pero terminan siendo abusivos, unos se corrompen con el poder, y otros se corrompen con el dinero y terminan arruinándolo todo. Sólo tienes que escuchar un poco de noticias de cada país para darte cuenta cómo las naciones enteras están sufriendo a sus propios gobernantes.

Lo único que realmente funciona es la teocracia, cuando Dios es el que verdaderamente gobierna tu vida. Y eso es a lo que quiero llegar: permite que desde temprana edad Dios gobierne tu vida, que sea Dios el que dicte tus leyes, que sea Dios el que te diga cómo administrar tu dinero, cómo tratar tu cuerpo, cómo manejar tu mente. Porque solamente Él es el único Dios, el único Rey que verdaderamente sabe cómo gobernarnos, es un Dios santo, y no hay corrupción en Él.

A continuación leeremos uno de los tantos encuentros que tuvo el profeta con el rey Saúl. El siguiente pasaje se encuentra en la Biblia, en el primer libro de Samuel, en el capítulo 15:

"Después Samuel dijo a Saúl: Jehová me envió a que te ungiese por rey sobre su pueblo Israel; ahora, pues, está atento a las palabras de Jehová."

Es como que Samuel le recordaba a Saúl queriéndole decir "Porque tú eres el rey, pero Dios es el que manda, tú Saúl no eres el que manda, así que debes obedecer a Dios y estar atento a las palabras de Jehová."

"Así ha dicho Jehová de los ejércitos: Yo castigaré lo que hizo Amalec a Israel al oponérsele en el camino cuando subía de Egipto. Ve, pues, y hiere a Amalec, y destruye todo lo que tiene, y no te apiades de él; mata a hombres, mujeres, niños, y aun los de pecho, vacas, ovejas, camellos y asnos.

Saúl, pues, convocó al pueblo y les pasó revista en Telaim, doscientos mil de a pie, y diez mil hombres de Judá. Y viniendo Saúl a la ciudad de Amalec, puso emboscada en el valle. Y dijo Saúl a los ceneos: Idos, apartaos y salid de entre los de Amalec, para que no os destruya juntamente con ellos; porque vosotros mostrasteis misericordia a todos los hijos de Israel, cuando subían de Egipto. Y se apartaron los ceneos de entre los hijos de Amalec.

Y Saúl derrotó a los amalecitas desde Havila hasta llegar a Shur, que está al oriente de Egipto. Y tomó vivo a Agag rey de Amalec, pero a todo el pueblo mató a filo de espada. Y Saúl y el pueblo perdonaron a Agag, y a lo mejor de las ovejas y del ganado mayor, de los animales engordados, de los carneros y de todo lo bueno, y no lo quisieron destruir, mas todo lo que era vil y despreciable destruyeron."

Resultaron ser más buenos que Dios, y no quisieron destruir lo que Dios les había dicho que destruyeran.

"Y vino palabra de Jehová a Samuel, diciendo: Me pesa haber puesto por rey a Saúl, porque se ha vuelto de en pos de mí, y no ha cumplido mis palabras. Y se apesadumbró Samuel, y clamó a Jehová toda aquella noche. Madrugó luego Samuel para ir a encontrar a Saúl por la mañana; y fue dado aviso a Samuel, diciendo: Saúl ha venido a Carmel, y he aquí se levantó un monumento, y dio la vuelta, y pasó adelante y descendió a Gilgal. Vino, pues, Samuel a Saúl, y Saúl le dijo: Bendito seas tú de Jehová; yo he cumplido la palabra de Jehová."

Quiero que me digas una cosa: ¿cumplió Saúl la palabra de Jehová?

"Samuel entonces dijo: ¿Pues qué balido de ovejas y bramido de vacas es este que yo oigo con mis oídos? Y Saúl respondió: De Amalec los han traído; porque el pueblo perdonó lo mejor de las ovejas y de las vacas para sacrificarlas a Jehová tú Dios, pero lo demás lo destruimos. Entonces dijo Samuel a Saúl: Déjame declararte lo que Jehová me ha dicho esta noche. Y él le respondió: Di. Y dijo Samuel: Aunque eras pequeño en tus propios ojos…"

Y aquí te quiero decir una cosa, este tipo era el más alto de todo el pueblo, pero dice aquí que ante sus propios ojos él se sentía pequeño, quiere decir que tenía unos complejos de inferioridad impresionantes.

"… ¿no has sido hecho jefe (la cabeza, el que manda, el que decide) *de las tribus de Israel, y Jehová te ha ungido por rey sobre Israel? Y Jehová te envió en misión y dijo: Ve, destruye a los pecadores de Amalec, y hazles guerra hasta que los acabes. ¿Por qué, pues, no has oído la voz de Jehová, sino que vuelto al botín has hecho lo malo ante los ojos de Jehová?*

Y Saúl respondió a Samuel: Antes bien he obedecido la voz de Jehová, y fui a la misión que Jehová me envió, y he traído a Agag rey de Amalec, y he destruido a los amalecitas. Mas el pueblo tomó del botín ovejas y vacas, las primicias del anatema para ofrecer sacrificios a Jehová tu Dios en Gilgal."

Fíjate que Saúl nunca tuvo a Dios como su Dios. Y Samuel le dijo algo muy importante, y aquí viene lo que necesito que veas:

"Y Samuel dijo: ¿Se complace Jehová tanto en los holocaustos y víctimas, como en que se obedezca a las palabras de Jehová? Ciertamente el obedecer es mejor que los sacrificios, y el prestar atención que la grosura de los carneros. Porque como pecado de adivinación es la rebelión, y como ídolos e idolatría la obstinación. Por cuanto tú desechaste la palabra de Jehová, él también te ha desechado para que no seas rey."

Si desechas la Palabra de Dios, Dios te desecha. Así que le obedeces o Dios no querrá saber absolutamente nada contigo. Leamos el versículo que sigue:

"Entonces Saúl dijo a Samuel: Yo he pecado…"

Pero fíjate que este no es un arrepentimiento real, sino que es como el de Judas. ¿Qué hizo Judas? Fue y vendió, se dio cuenta de su error, quiso regresar el dinero, pero los sacerdotes le tiraron todas esas monedas a sus pies y dijeron: "qué nos importa tu alma, qué nos importa tu vida." Y este tipo salió de ahí y se colgó. No fue un arrepentimiento para que Dios lo cambiara, sino que él mismo se cobró su propia justicia.

Sigue hablando Saúl: *"… pues he quebrantado el mandamiento de Jehová y tus palabras, porque temí al pueblo y consentí a la voz de ellos. Perdona, pues, ahora mi pecado, y vuelve conmigo para que adore a Jehová."*

¿Sabes por qué quería Saúl que volviera Samuel con él? Para que todo el mundo viera que todo estaba bien, que en realidad no había pasado nada, que la relación entre el rey y el profeta de Dios seguía perfecta, y que no había ningún tipo de problema. Lo único que le interesaba a Saúl era el qué dirá la gente, pero no le interesaba en lo más mínimo la opinión de Dios. Y Samuel le respondió a Saúl:

"No volveré contigo; porque desechaste la palabra de Jehová, y Jehová te ha desechado para que no seas rey sobre Israel. Y volviéndose Samuel para irse, él se asió de la punta de su manto, y éste se rasgó. Entonces Samuel le dijo: Jehová ha rasgado hoy de ti el reino de Israel, y lo ha dado a un prójimo tuyo mejor que tú. Además, el que es la Gloria de Israel (es decir, el Señor) no mentirá, ni se arrepentirá, porque no es hombre para que se arrepienta.

Y él dijo: Yo he pecado; pero te ruego que me honres delante de los ancianos de mi pueblo y delante de Israel, y vuelvas conmigo para que adore a Jehová tú Dios."

Otra vez, lo único que le interesaba a Saúl era el qué dirán.

"Y volvió Samuel tras Saúl, y adoró Saúl a Jehová. Después dijo Samuel: Traedme a Agag rey de Amalec. Y Agag vino a él alegremente. Y dijo Agag: Ciertamente ya pasó la amargura de la muerte."

Este de seguro estaba pensando: "de la que me salvé."

"Y Samuel dijo: Como tu espada dejó a las mujeres sin hijos (porque era un rey perverso, corrupto y asesino, que tenía a todos aterrorizados), *así tu madre será sin hijo entre las mujeres. Entonces Samuel cortó en pedazos a Agag delante de Jehová en Gilgal."*

Este profeta traía los pantalones bien fajados.

"Se fue luego Samuel a Ramá, y Saúl subió a su casa en Gabaa de Saúl. Y nunca después vio Samuel a Saúl en toda su vida; y Samuel lloraba a Saúl; y Jehová se arrepentía de haber puesto a Saúl por rey sobre Israel." 1 Samuel 15.1-35 (RVR60)

¡Qué bárbaro! ¿Por qué leímos todo este capítulo? Porque yo quiero que venga una convicción a tu vida para que te des cuenta de que con Dios no se juega, que cuando Dios te dice algo te lo dice porque Él sabe lo que está haciendo.

Si el Señor te dice rojo, es rojo, y si te dice verde, entonces ten por seguro de que es verde. Él sabe, Él conoce mejor, Él es tu creador, y Su voluntad es buena, agradable y perfecta. Dios siempre será lo mejor en tu vida, por eso Él quiere ser el número uno, por eso Él quiere ser tu primer amor. Si tu vida no está en orden de esta forma, tu vida entonces ya es un desorden.

Cada palabra que oímos, cada palabra que leemos en la Biblia es la voluntad de Dios para nosotros, porque este libro es el manual del fabricante. Si tú le obedeces, tu vida va a ser un éxito, aunque tu comienzo sea pequeño vas a ver grandes logros en tu vida. Pero si tú desechas la palabra del Señor, Él hará lo mismo contigo, así como Él desechó a Saúl para siempre. Porque Dios es un caballero, Él no puede actuar ni obrar en la vida de aquel que no le reconoce como Rey y actúa en consecuencia.

La primera decisión más importante en tu vida es: "¿qué voy a hacer con Jesucristo?" ¿Va a ser mi rey, o lo desecho y me levanto yo en su lugar para convertirme en mi propio rey? ¿Qué voy a hacer con Jesucristo, será mi buen pastor, o mejor dejo que me pastoree Satanás?

Quiero simplemente recordarte que Satanás es un ángel caído que ya ha sido condenado, su destino es el lago de fuego y no hay salvación para él. Ya nada más es cuestión de tiempo que se ejecute la orden de aprensión y meterlo al lago de fuego, y no como rey, porque el diablo no va a ser el rey del infierno, sino que va a estar en una prisión de oscuridad, siendo también atormentado por los siglos de los siglos.

Entonces, tú tienes que decidir hoy mismo a quién vas a seguir. Hace más de dos mil años la multitud gritó "¡Danos a Barrabás!", pidiendo que liberen a un asesino, a un tipo despiadado. "Danos a Barrabás y crucifiquen a Jesucristo", se escuchó en esa oportunidad, y esa tarde la multitud escogió. Este día tú también tienes que escoger a quién vas a seguir, si a Satanás o a Jesucristo.

Y si piensas "la verdad es que no me asustas", espero todo lo contrario: que sí te asuste, porque es la pura verdad, la verdad eterna. Tu vida está en juego, hay una guerra por tu alma, una batalla sin cuartel, una guerra sin tregua por arrebatar tu alma y meterla al infierno.

Pregúntate hoy mismo: ¿Qué voy a hacer el resto de mi vida? ¿Me voy a seguir rebelando como Saúl, o voy a obedecer al Señor, porque es lo mejor para mi vida?

Recuerda que Satanás es un ángel caído que funciona a través del engaño, él es padre de mentira, así que todo lo que habla es pura mentira, nada de lo que te dice es verdad. Todo lo que transmite es engaño, y todo lo diseña para robarte, matarte y destruirte. Ése es su ministerio.

Ahora bien, ¿por qué Dios no lo saca del escenario, por qué Dios permite que existan demonios, huestes de maldad, principados y potestades? ¿Por qué andan sueltos todos esos demonios? Para que tú y yo aprendamos a escoger, para que aprendamos la guerra espiritual verdadera. Mi enemigo no es de carne ni sangre, sino que son principados y potestades. Y yo tengo que aprender a sacar el guerrero que hay dentro de mí, pararme firme en la Roca que es Jesucristo y dejar que Él gobierne en mi vida.

Por eso Él se llama Señor de señores y Él es rey de reyes, ¿qué quiere decir eso? Que tú también tienes que aprender a señorear, tenemos que aprender a reinar y ser gente que sabe reinar en la vida. Y mientras más temprano tú aprendas a reinar y a señorear, a gobernar y a hacerle la guerra al diablo y a derrotarlo en cada batalla y en cada situación que se te presente, tu vida va a ser extraordinaria.

Tu primera decisión más importante es qué vas a hacer con Jesús. ¿Lo vas a tener como una comodidad más, como una cosa religiosita, o lo vas a tener nada más como el camaleón, cambiando de color dependiendo con las personas que andas? Con los cristianos cantas, alabas, adoras y el celo de Jehová te consume; pero cuando andas con los paganos eres peor que ellos.

Y la segunda decisión que debes tomar es: "¿con quién me voy a casar, con quién voy a pasar los próximos 50 años de mi vida?" Si tú te equivocas en una de esas dos elecciones, tu vida va a estar arruinada, y experimentarás el infierno aquí en la tierra.

Pregunta: ¿Y qué tan interesado está Dios en que tú te cases y de que lo hagas con la persona correcta?

Respuesta: Dios está tan interesado en que te vaya bien con este tema que te ha dado todo un capítulo, el capítulo 24 del libro de Génesis, el cual contiene una lista de principios extraordinarios.

Algunos dirán "uh, Génesis, eso es demasiado atrás, esas fueron otras épocas", pero la Palabra de Dios, en el libro de Mateo 24.35 dice "El cielo y la tierra pasarán, pero mis palabras no pasarán." Eso me dice una cosa, que las modas cambian, la temperatura cambia, la atmósfera cambia, la tierra cambia; todo cambia menos la Palabra de Dios. La Palabra de Dios es la misma y sirve tanto para Adán y Eva como para el último bebé que acaba de nacer. Porque son principios básicos para la vida del ser humano.

2
Dios de principios

Dios es un Dios de principios, y si bien algunos ya los has oído, te puedo asegurar que existen muchos otros de los cuales todavía no has escuchado. Si ya estás en la etapa del noviazgo, este tema es muy importante, porque ya estás viviendo esa época de tu vida donde eres atraído por el sexo opuesto (espero que por el sexo opuesto, pues si eres atraído por el mismo sexo algo está terriblemente mal contigo. Busca ayuda con tus líderes, habla de tus problemas y busca alguien que te ayude a sacar esa basura de tu vida y esa perversión. Si tú estás teniendo este tipo de problemas, entonces déjame decirte que tu iglesia local está para servirte. Y yo necesito que antes de avanzar realmente entiendas que hay dos géneros: masculino y femenino, todo lo demás son engaños y mentiras de Satanás. No hay un tercer género ni un cuarto género, porque Dios hizo al hombre varón y hembra, no hay vuelta que darle).

Leamos Génesis 24: "*Era Abraham ya viejo, y bien avanzado en años; y Jehová había bendecido a Abraham en todo. Y dijo Abraham a un criado suyo, el más viejo de su casa, que era el que gobernaba en todo lo que tenía: Pon ahora tu mano debajo de mi muslo, y te juramentaré por Jehová, Dios de los cielos y Dios de la tierra, que no tomarás para mi hijo mujer de las hijas de los cananeos, entre los cuales yo habito; sino que irás a mi tierra y a mi parentela, y tomarás mujer para mi hijo Isaac. El criado le respondió: Quizá la mujer no querrá venir en pos de mí a esta tierra. ¿Volveré, pues, tu hijo a la tierra de donde saliste? Y Abraham le dijo: Guárdate que no vuelvas a mi hijo allá.*"

Eclesiastés 3.11 dice "todo tiene su tiempo." La vida está dividida en épocas y en etapas. Cada etapa es extraordinaria: la niñez, la adolescencia, la juventud, la edad adulta, la edad anciana. Cada una de esas épocas debe de ser brillante, cada una de esas épocas debes de disfrutarla al máximo, si eres niño debes hacer las cosas de niños; si eres preadolescente o adolescente harás las cosas de los chicos de tu edad; si eres joven haz las cosas de los jóvenes; cuando llegas a la edad adulta haz lo que te corresponde en esa edad; pero nunca te saltes las etapas de tu vida para acelerar el proceso, ya sea porque tienes prisa, porque sientes que ya se te está pasando el tren, o porque piensas que se te está acabando la vida.

Desgraciadamente vivimos en una sociedad que te empuja a vivir otras épocas y otras etapas, te influye y constantemente te estimula a hacerlo. Este mundo empuja a los niños, a los adolescentes, a la juventud y aun a los adultos. He visto y conozco muchísimos adultos que, como no disfrutaron correctamente de su niñez y adolescencia, viven, se visten y se comportan como adolescentes.

Y es así que tenemos generaciones frustradas y personas con épocas perdidas, porque cuando tú no disfrutas la época por la que vas transitando, cuando entres a la próxima etapa lo harás frustrado, porque no disfrutaste las etapas anteriores. Yo quiero pedirte que veas en qué etapa estás viviendo y que empieces a disfrutarla al máximo conforme a la Palabra de Dios. Todo tiene su tiempo, y llega un momento en que de repente nunca habías visto que las mujeres tenían "esas cosas", nunca habías visto a ese hombre de esa manera, y allí es cuando empieza la atracción.

Y es normal, porque Dios lo quiso así, la Biblia dice en Génesis 1.31: *"Y vio Dios todo lo que había hecho, y he aquí que era bueno en gran manera",* y eso incluye al hombre y a la mujer, y vio que era bueno.

Todos tus deseos, todas tus emociones, todo lo que Dios puso dentro de ti, tus sentimientos y tus pensamientos, Él vio que eran buenos en gran manera. Es decir, cuando Dios revisó a toda la creación no vio a Adán y Eva y les dijo "vístanse, sucios. Cochinos, ¿qué les pasa?, ¿para qué les puse el sexo?, ¡yo no sé para qué inventé el sexo!" No dijo eso, sino que vio que era bueno y era bueno en gran manera.

Volviendo a Génesis 24, te recuerdo que tenemos cuatro personajes en este pasaje: tenemos a Abraham, al siervo de Abraham, tenemos a Isaac y luego a Rebeca. Abraham representa a Dios Padre, el siervo representa al Espíritu Santo, Isaac representa a todos los varones y Rebeca representa a todas las muchachas.

Así que todos estamos incluidos aquí en este capítulo 24 del libro de Génesis.

La cosa es que llegó un momento en que Abraham se dio cuenta que ya era la época y el tiempo para que se casara su hijo, y decidió traerle una mujer para él.

Y al leer esto yo te quiero decir una cosa: Dios conoce el camino por el que estás pasando, Él sabe cuál es la época de tu vida por la que tú estás cruzando, y Él sabe el momento cuando Él te va a traer a esa mujer correcta, o a ese chico correcto para tu vida. Él sabe, y Él va a enviar a su siervo (el Espíritu Santo).

Él va a enviar al Espíritu Santo delante de ti para presentarte a esa chica. O sea que no tienes que andar todo el día preguntándote "¿será ésta, será aquella? no… aquella está casada… y esa otra?", no tienes que andar así. Si tú realmente caminas con Él, Dios va a ser bien claro y Él te va a traer a esa persona correcta.

No tienes que ponerte nervioso, no tienes que estar desesperado ni tampoco tienes que decir "bueno ya fue, ya me quedé en la iglesia para forrar Biblias el resto de mi vida" (antes se decía "para vestir santos").

No, Dios sabe cuáles son tus necesidades, Dios sabe, Él conoce cuál es tu situación y dice aquí que Abraham mandó al siervo a la casa de su parentela, a sus propios parientes, a la gente que creía igual que él, y le dijo: "ni se te vaya a ocurrir traerme a una de las amalecitas, porque no hay absolutamente ninguna comunión entre esas tribus paganas y nosotros."

Abraham estaba bien preocupado y le dijo "júrame que no vas a traerme una de las mujeres de los cananeos", ¿y sabes por qué? Porque no había un puente lo suficientemente grande como para poder unir a las cananeas con su hijo Isaac. La cultura, las costumbres, el lenguaje y los valores morales de los cananeos estaban totalmente cancerosos. Y no tenían absolutamente nada que ver con la vida de su hijo. Los cananeos tenían una naturaleza verdaderamente depravada, era tan cancerosa esa sociedad que Dios acabó arrasándolos a todos, los erradicó del planeta tierra, porque eran unos perversos. Dice la Biblia que estas personas ofrecían sus hijos al fuego.

Ahora bien, ¿qué tiene que ver todo esto con nosotros el día de hoy, y cómo lo podemos aplicar a nuestra vida? El primer principio que yo veo aquí es el siguiente:

1. El principio de la mutualidad

Mientras más cosas tengas en común con esa persona con la que tú te quieres casar más fácil va a ser tu vida y más fácil va a ser tu matrimonio. ¿Por qué te digo esto? Porque el matrimonio en sí mismo no es fácil.

Simple y sencillamente este principio significa que antes de que te pongas de novio con alguien, necesitas analizar primeramente los cimientos de esa otra persona. Necesitamos tener cimientos semejantes, o parecidos, como para casarnos con esa persona. En el área intelectual, en el área social, en el área física, en el área racial y sobre todo en el área espiritual. No estoy hablando de que te cases con tu gemela o con tu mellizo, pero sí estoy hablando de que busques que esa persona con la que estás pensando casarte esté lo más cercano a tu nivel intelectual, social, espiritual, físico, racial y social.

La razón de esto es que tomas a una persona que ha vivido sola, individual y egoístamente. Él tiene su propio cepillo de dientes, su propia cama, su propio cuarto, él tiene toda su vida armada, y de repente se une a otra persona y ahora depende de esa persona y la otra depende de él.

Ahí en esa unión salen chispas, porque en el noviazgo ella lo ve así: "¡Ay qué lindo!, todo es romántico", y él lo ve así: "ven para acá, mamita"; pero cuando ya cae la noche los dos se despiden: "bueno, que Dios te bendiga, mañana te veo, después te llamo."

Cada quien se va por su lado, ella se va con su papito y él se va con su mamita. Porque su mamita le lava los pantalones, le lava los calzones, le lava los calcetines sucios cuando llega de jugar al fútbol, le hace de comer y le tiende su camita.

Pero cuando ya te casas, nada de "mañana te llamo" y nada de "nos vemos luego", no. De pronto el nene de mamá pregunta: "¿Y dónde están mis calzones?, porque estos ya están sucios, ¿dónde están mis zapatos, por qué no planchaste mi camisa?"

Y ahí ya se va transformando, empiezan los líos, y empiezan las broncas. Aun así el muchacho sigue preguntando: "¿ya está el desayuno? ¿Qué hay de desayuno? ¿Qué hay para comer?" Imagínate casarte con un tipo que no sabe ni sacar el pan de la bolsa y que no sabe dónde hay una despensa para comprar algo. Entonces ahí empiezan los líos.

No es fácil, el matrimonio no es nada fácil y poniéndolo del otro lado, llega el exnovio (porque ahora es el esposo), abre la puerta de su casa, se saca el traje, cansado y acalorado de tanto trabajo (o de buscar trabajo) y su nueva esposa lo está esperando en el sillón con una pila así de grande de deudas, impuestos, expensas y más cosas que pagar.

Por eso siempre les digo a los jóvenes que aprovechen el tiempo para hacerse de herramientas ahora, dejen de hacerse los Romeos y las Julietas, y dejen de hacerse las vedettes y los playboys. Pónganse de cabeza a tomarse la vida en serio, porque la vida es muy seria.

Y a la hora que te casas, experimentarás que a medida que creces la vida se te va muy rápido, no creas que vas a estar en esta edad por los siglos de los siglos. La juventud pasa volando, y al rato te caen todas las responsabilidades de la vida, y si tú no has estudiado, si no te has preparado, entonces te va a llegar el aviso de la dura realidad como una feroz trompada, te va a ir de los veinte mil demonios y vas a tener que llevar a tu esposa y tus siete críos a vivir con tu mamita.

Y eso, te lo aseguro, traerá una vergüenza terrible a tu hogar. Entonces, siempre recuerda el primer principio, el principio de la mutualidad: mientras más cosas tengas en común con esa persona con la que tú te quieres casar, más fácil te va a ir en la vida.

Siempre ten en cuenta que además de las diferencias que tú tienes como hombre y ella como mujer, debes sumarle tus gustos y costumbres, más aun si te metes con una persona que viene de otra cultura totalmente diferente, pues tiene otro pensamiento, tiene otra forma de pensar y otro estilo de vida.

En el área intelectual, en el área social, en el área racial (el color), en el área espiritual; todo eso cuenta, aunque tú me digas: "no, lo que importa es que nos amamos, lo que importa es que andamos de manitas sudadas todo el día, y él me abraza y es tan fuerte." Bueno, ojalá sea muy fuerte para trabajar, porque de lo contrario vas a tener problemas muy graves para pagar todo lo que involucra llevar un hogar adelante.

El primer principio de la mutualidad es sumamente importante. Te doy otro ejemplo, esta vez en el área intelectual. Supongamos que él es físico nuclear y tiene grados y posgrados. El tipo es inteligentísimo. Es más, ya ni usa computadora porque son demasiado lentas. Esta persona es alguien que lee cinco o seis libros todas las semanas, anda siempre con un libro de física cuántica y otras cuestiones similares y tiene más grados que un termómetro.

Pero resulta que a ella no le gusta leer ni los encabezados del periódico, te dice: "¡ay no, que flojera!" Se la pasa todo el día masticando chicle y pintándose el pelo de rubio un día y mañana la ves pelirroja, y pasado mañana viene trigueña, y es a lo único que se dedica todo el día.

Entonces este tipo va a una fiesta y se encuentra con esta rubia impresionante y piensa dentro de sí: "¡Wow, con ésta me caso!" Y el tipo va, la conquista y a los dos o tres meses se casan, se van de luna de miel, y allí mismo es donde empiezan a asomar las "pequeñas" diferencias: este tipo se lleva para el viaje tres o cuatro libros para leer y la otra se la pasa durmiendo todo el día. Cristo se levantó de entre los muertos, pero a ésta no la puedes levantar ni de la cama. Todo el día está destruida, todo el día tiene flojera, todo el día tiene sueño, no sabe ni las tablas de multiplicar, llegó hasta la del dos y ahí se quedó. ¿Dividir? ¡Por favor, no la metan en líos! Multiplicar, nada. Una que otra resta le sale y a sumar más o menos.

Ahí vas a tener un problema de terror entre él y ella, porque él lleva un rumbo y ella lleva otro completamente diferente. Él tiene una mente ocupada en las cosas de su interés y ella tiene totalmente otra mentalidad. Así que recuerda siempre tener presente el principio de la mutualidad.

En el área social, por ejemplo: ella pertenece a la altísima sociedad, él pertenece a la bajísima sociedad. Ahí vas a tener una de líos entre la familia, porque nunca la familia de ella se va a querer juntar con la familia de él. Imagina entonces los conflictos para todos los cumpleaños, navidades, años nuevos, aniversarios y todo ese tipo de eventos sociales. Con el correr del tiempo los papás de ella, por más cristianos que sean, no querrán ver a la familia de él porque son de la bajísima. Y a estas alturas de seguro estás pensando: "pero entonces no son cristianos", y perdóname que te lo diga así tan directo, pero te estoy hablando con la pura verdad. Siempre acuérdate de una cosa: tú no te casas nada más con la muchacha o el príncipe azul de tus sueños, sino también con toda la familia.

En el área espiritual, ella es la campeona de todos los concursos bíblicos organizados por su iglesia y las demás congregaciones alrededor, a todos les gana, no falta a ningún congreso, es la primera en llegar a la iglesia, la última en irse, se sabe los libros de la Biblia de atrás para adelante y de adelante para atrás, de Génesis a Apocalipsis y de Apocalipsis para atrás, te los menciona a todos y también cualquier versículo que necesites. Ella no falta a ninguna reunión y está siempre apuntando todo lo que dicen desde la plataforma. Es la que más ora, la que más ayuna y la que más reprende al diablo.

Y de repente, un buen día se le presenta un galán, pero resulta que este apuesto joven jamás ha tocado una Biblia, con dificultad va a la iglesia, tal vez a alguna misa de gallo, y solo se hace presente a bautismos y alguna que otra boda, pero de ahí afuera no lo haces que vaya a ninguna iglesia. Su conocimiento bíblico es increíble, él cree que las epístolas son las esposas de los apóstoles. Él cree que Deuteronomio es un dinosaurio del parque jurásico, y piensa que Pablo tenía una esposa que se llamaba Silas. Para que veas el nivel espiritual del tipo.

Y me gustaría mostrarte lo que sucede de la siguiente manera: Siempre que estoy predicando este mensaje a los jóvenes, escojo a una chica de entre el público y ella se sube a una silla. Lo hago así para ilustrar que ella está espiritualmente arriba comparado con el galán éste que ha venido a conquistarla. Y ella está impresionada porque este muchacho tiene un buen cuerpo, porque tiene una voz de hombre impresionante, y porque es muy buen mozo.

Así que ella piensa: "a éste lo voy a ganar para Cristo y para mí." Pero lo que no sabe es que al pensar de esa manera adquiere en su cabeza un engaño. Ella piensa que lo va a ganar para Cristo, y que lo va a "convertir." ¿Has oído esa mentira? Hay algunos por ahí que todavía dicen: "Yo estoy orando para que Luis Miguel se convierta, me vea, se enamore y vayamos juntos a cantarle al Señor." ¿Ah, sí?, ¡cómo no!

Así que tenemos entonces a esta joven (subida en la silla) que empieza a orar por su galán, y ora, y ora, y no se cansa de clamar y reprender al diablo. Pero déjame decirte una cosa: tú jamás vas a convertir a nadie porque no eres el Espíritu Santo. Pensar que vas a convertir a otro es un engaño en el que caen muchísimas personas.

Lo que sucede a continuación es que ella quiere subirlo a él a su nivel espiritual. En este punto es cuando le pido a la joven que me tome de la mano para intentar subirme hacia donde está ella. Le digo que me sujete bien fuerte y comience a levantarme, que nada más peso ochenta kilos. Pero siempre obtengo la misma respuesta, que ella no puede hacerlo.

Así que la regaño un poco y le pregunto: "¿Cómo que no se puede? Tienes que reprender al diablo, tienes que orar y subirme, vamos, haz un esfuerzo. Por lo menos trata de despegarme del piso, ¿no puedes? Un intento más. Es para Cristo, hazlo para el Señor, te ayudo." Pero la joven repite varias veces el mismo intento de subirme al nivel donde ella se encuentra parada pero sin lograrlo.

Ella no puede hacerlo, lo que en realidad sucede es lo siguiente: Desde donde yo estoy parado, desde abajo, me basta solo un tironcito para bajarla de la silla con facilidad, y en un segundo la bajé yo a mi nivel.

Yo espero que nunca olvides esta ilustración, porque quiero decirte una cosa: jamás vas a ganar a nadie para Cristo, nosotros tenemos que hablarle a la gente del Señor, pero es Dios quien tiene que cambiarle. En estos últimos 35 años que he vivido y compartido estas verdades, no tienes ni idea la cantidad de hombres y mujeres que he tenido que guiar y ministrar porque se casaron con una persona creyendo que la iban a convertir al Señor. Pero, ¿cuál es ahora su triste realidad? Esa persona nunca se convirtió, han logrado que su pareja se aparte de la iglesia, se han alejado de Dios y ahora están muertos espiritualmente; y su rumbo ya sabes cuál es.

¿Todo por qué? Por desobediencia. La Biblia te dice claramente en 2 Corintios 6:14 que "no te unas en yugo desigual con los incrédulos", porque no hay ninguna comunión entre las tinieblas y la luz, no hay ninguna comunión entre Cristo y Satanás, no hay comunión. No te unas en un yugo desigual, ¿y qué quiere decir yugo?

El yugo es un travesaño de madera que se sujeta sobre los cuellos de dos animales, en aquel tiempo bueyes, y se fija en el arado o carro, y sirven para tirar. Se usaban apoyados en el hombre porque de esa forma se araba en el campo. Ahora bien, si tú pones a un buey con un burro, ¿qué pasa? El buey tira más fuerte que el burro, así que el borrico se queda atrás y de a poco va frenando al buey. Este último acaba dando vueltas con el burro en medio, y no avanzan a ningún lado, así que la meta que tenían por delante nunca podrá ser alcanzada.

Si tú te casas con una persona que no ama al Señor como tú lo amas, vas a tener unas broncas horribles a lo largo de tu matrimonio. El domingo vas a querer ir a la iglesia, pero él va a querer ver el fútbol. El miércoles vas a querer ir a la iglesia otra vez, pero él va a querer irse con sus papás. Cuando tengas hijos, ¿a dónde los vas a llevar? Él quiere llevarlos a su iglesia, pero tú quieres llevarlos a la tuya, y tal vez al principio no se note, pero con el tiempo se van a ir desatando problemas que no van a ser de fácil solución.

No te unas en yugo desigual porque nunca vas a avanzar. No te unas en yugo desigual, porque "¿Qué tienen en común la justicia y la maldad? ¿O qué comunión puede tener la luz con la oscuridad? ¿Qué armonía tiene Cristo con el diablo? ¿Qué tiene en común un creyente con un incrédulo?" 2 Corintios 2.14-15 (NVI)

Volviendo a la historia de Génesis 24, Abraham estaba sumamente preocupado y le dijo a su siervo "no me vayas a traer a una hija de los amalecitas porque no quiero eso de ninguna manera." Y yo en este día te digo: no te unas en yugo desigual, espérate.

Aun así siempre hay algunos que salen con que "no, en la iglesia no hay nadie, no hay chicos, no hay chicas." No andes buscando la chica ideal de acuerdo a lo que Hollywood te ha metido en tu cabeza de lo que debe ser una chica o un chico. Porque Dios "no ve el exterior, Dios ve el interior." En la Iglesia hay personas valiosísimas, tanto hombres como mujeres, pero si tú todavía andas con ese ideal mundano de que tu hombre ideal, y tu príncipe encantado, y tu príncipe azul que va a llegar con un caballo blanco, de veras lo siento, pero esa mentira no existe.

Hollywood nos ha engañado a todos, nos ha mentido y nos ha sugerido un estilo de vida y un tipo de persona que no existen para nada, y si tú te das cuenta, la gran mayoría de los actores de Hollywood terminan mal, suicidándose, terminan con sida, destruidos, alcohólicos, divorciados, en drogas y con todo tipo de enfermedades. Así que recuerda el principio de la mutualidad: mientras más cosas tengan en común, más fácil y llevadero va a ser tu matrimonio.

2. Guianza divina

Seguimos en Génesis 24, y vemos que el siervo le dice a Abraham: "si la chica no quiere venirse conmigo, entonces me llevo allá a tu hijo." Pero Abraham le dice: "no, ni se te ocurra llevártelo para allá", porque Jehová, Dios de los cielos que me tomó de la casa de mi padre y de la tierra de mi parentela me habló y me juró diciendo "a tu descendencia daré esta tierra, Jehová, Él enviara su ángel delante de ti y tú traerás de allá mujer para mi hijo."

Fíjate que le dijo "Él enviara Su ángel delante de ti." ¿Cómo se llama eso? Se llama guianza divina. Abraham le estaba diciendo a su siervo: Jehová, Dios de los cielos, ese que me tomó, ese que me tocó, ese que me salvó, Él va a enviar su ángel; Él va a enviar a la persona que tú vas a escoger."

Hay muchos jóvenes el día de hoy que están pensando y torturándose de esta manera: "¿y si no me caso? Ya tengo 19 años, ya tengo 16." Pero aunque tengas 50 años, cálmate.

Quiero decirte una cosa, la felicidad no se encuentra en el matrimonio, la verdadera dicha no se halla encontrando un marido o una esposa. La felicidad únicamente se encuentra en una persona, y se llama Jesucristo. Si te casas, gloria a Dios, si no te casas, gloria a Dios.

Lo que necesitamos es aprender a descansar, a relajarnos en el Señor y a aprender a disfrutar la vida sea la situación en la que te encuentres. Aprende a disfrutar la vida, si eres joven disfruta tu juventud, si eres niño disfruta tu niñez, si eres joven soltero disfruta tu soltería, si eres joven y tienes novia y estás a punto de casarte, disfruta tu noviazgo. Si ya te casaste disfruta tu matrimonio, si ya tienes hijos disfruta: lo que necesitas es aprender a disfrutar tu vida.

Recuerda a Sadrac, Mesac y Abed-Nego, cuando vinieron y se enfrentaron a Nabucodonosor y le dijeron algo así: "Mira, Nabucodonosor, ni tú, ni tu hornito de microondas nos espantan, nuestro Dios puede librarnos de tu mano y de tu horno, y si no fuera sí, pues nos vamos con el Señor", y creo que esa debe de ser nuestra condición y nuestro corazón, un descanso absoluto en lo que Él tiene preparado para nosotros.

La Biblia nos dice en cinco lugares que Dios no hace acepción de personas: Hechos 10.34, Romanos 2.11, Gálatas 2.6, Efesios 6.9 y Colosenses 3.25. En todos estos cinco versículos leerás que Dios no tiene favoritos, para Él somos todos iguales, porque el Señor no hace acepción de personas.

Si lo hizo con Isaac, lo puede hacer contigo varón, y si lo hizo con Rebeca, lo puede hacer contigo mujer. Hay muchas personas que creen que van a encontrar la felicidad en el matrimonio, y ya te lo dije antes, el único lugar en donde vas a encontrar la felicidad es con el Señor Jesucristo. Dios está interesado en que te cases, pero Él quiere estar involucrado en tu matrimonio.

Creo que ya necesitas soltar el acelerador de la búsqueda desesperada en la que te encuentras para descansar en el Señor, Él enviara su ángel delante de ti, Él va a intervenir.

Él te ha prometido lo siguiente: *"Fíate (confía de verdad, tírate de cabeza a los brazos del Señor, confía absolutamente) de Jehová de todo tu corazón, Y no te apoyes en tu propia prudencia."* Proverbios 3.5

Esta es una decisión tan peligrosa, tan decisiva para el resto de tu vida, que de verdad no debes apoyarte en tu propia prudencia, no tienes que confiar en tus sentimientos ni tampoco en tus emociones. No te dejes llevar ni siquiera por tu cerebro, no te apoyes en tu propia prudencia; reconócelo a Él en todos tus caminos y Él enderezará tus veredas.

Si Él te dice no, es NO, si Él te dice "este chico no te conviene", si Él te habla al corazón escucha la voz del

Señor, porque si no lo haces tu vida va a ser un verdadero infierno. Por eso yo siempre le repito a los jóvenes lo mismo: ora a Dios, lee su Palabra, acércate al Señor, alábale, adórale… ¿para qué? Para que vayas desarrollando una sensibilidad a Su presencia, una sensibilidad a Su palabra, para que desarrolles esa sensibilidad a Dios y para que aprendas a oír un NO o un SI de parte de Él.

Dios no te va a gritar "¡eeeh estúpida, ¿no te das cuenta que ese tipo está loco?" Tampoco te va a decir: "eeey tarado, ¿cómo vas a andar con esa que es una coqueta de primera?" Él simplemente te va a decir NO, y si tú le dices "está bien Señor, obedeceré a tu palabra", cosecharás la bendición de haber obedecido. Pero si Él te dice No y tú le dices Sí a tu novio/a, pues entonces prepárate para tener líos el resto de tu vida, prepárate para sufrir y para afrontar las consecuencias de tus propias decisiones.

El capítulo 3 del libro de Proverbios continúa así: *"Reconócelo en todos tus caminos, y Él enderezará tus veredas."* Y yo digo, si voy a tomar la decisión de casarme, que es la segunda decisión más importante de mi vida, ¿cómo la voy a hacer yo solo? Pero uno dice "no, no… ¿y si no me gusta la persona que Dios tiene para mí? No, yo no me voy a casar con una araña, Señor." ¿De verdad tú crees que Dios te ha preparado un monstruo para que sea tu compañía durante toda la vida? Por supuesto que no, Su voluntad es buena, agradable y perfecta. Dios nunca te va a traer algo que no te gusta, pero ya veremos eso un poco más adelante.

El versículo que sigue, Proverbios 3:7, dice: *"No seas sabio en tu propia opinión, teme a Jehová y apártate del mal."* ¿Qué es temer a Dios? Es justamente lo que le estaba pidiendo Dios a Saúl: obedecerlo en todo y respetar lo que Él dice; porque es para tu propio bien.

Cuando Dios te dice que le obedezcas no es por Él que te lo dice, pues Dios allá arriba está muy bien, Dios está sentado en su trono, Dios está en el cielo, Dios no tiene problema. Los que vamos a tener problemas somos nosotros si lo desobedecemos, nosotros somos los que estamos acá abajo, y esta vida es una prueba para ti. Si obedeces, entras, si no obedeces no entras, aunque estés toda tu vida enfrente del púlpito, no vas a entrar si desobedeces a Dios.

Ya vimos claramente el consejo de Dios, que dice no seas sabio en tu propia opinión, teme a Jehová, respétalo, hónralo, y apártate del mal. ¿Y por qué dice todo esto? *"Porque será medicina a tu cuerpo y refrigerio a todos tus huesos."* Proverbios 3.8

El segundo principio es la guianza divina. Él enviará sus ángeles delante de ti, Él promete guiarnos, él promete llevarnos, pero tienes que esperar Su tiempo. El tiempo del Señor es sumamente importante.

¿Sabes qué he aprendido yo? Que la misma vida que vas viviendo te va mostrando el camino a seguir, y de pronto te das cuenta que ahora es tiempo de esto, y luego es tiempo de aquello. Ahora es tiempo de estudiar, ahora es tiempo de graduarme, ahora es tiempo de tener una novia, ahora es tiempo de casarme, ahora es tiempo de tener hijos, ahora es tiempo de esto otro, y así.

A medida que avanzas en la vida Dios te va ayudando y te va guiando a cada paso que das. Y lo que te estoy compartiendo es algo que yo mismo he vivido, no es algo que leí en un libro, es algo que he experimentado, y por eso te lo estoy diciendo, porque sí funciona.

Sigamos adelante con la historia de Génesis 24: *"Y si la mujer no quisiere venir en pos de ti, serás libre de este mi juramento; solamente que no vuelvas allá a mi hijo. Entonces el criado puso su mano debajo del muslo de Abraham su señor, y le juró sobre este negocio. Y el criado tomó diez camellos de los camellos de su señor, y se fue, tomando toda clase de regalos escogidos de su señor; y puesto en camino, llegó a Mesopotamia, a la ciudad de Nacor."*

En este punto quisiera detenerme y aprovechar para decirte una cosa, cuando tú obedeces a Dios vas a estar viviendo bajo cielos abiertos, donde Dios te va a suplir, donde Dios te va a ayudar, donde Dios te va a dar un trabajo, dinero, casa y todas las cosas que necesites. Cuando tú obedeces al Señor, cuando tú te agarras de Su mano, Él te lleva y Él te va supliendo a medida que avanzas.

En el pasaje que leímos anteriormente dice que el siervo tomó diez camellos llenos de regalos de oro, de plata, de brazaletes, de vestidos y de absolutamente todo lo necesario. Cuando tú caminas con Dios, las compuertas del cielo van a estar abiertas para tu vida. Pero cuando tú caminas en rebelión y haces lo que a ti se te da la gana y nunca consideras al Señor, vas a estar viviendo bajo cielos de bronces cerrados, y bajo tierras de hierro, donde nada te va a funcionar, nada te va a prosperar y nada te va a salir bien.

Seguimos adelante y continúa diciendo: "E *hizo arrodillar los camellos fuera de la ciudad, junto a un pozo de agua, a la hora de la tarde, la hora en que salen las doncellas por agua.*"

Ese es el lugar correcto donde tenía que ir este hombre a buscar una mujer. Cada vez que vas a la iglesia de Dios, a un campamento, a un seminario o a cualquier lugar donde se reúnan hombres y mujeres de Dios, es un lugar correcto para buscar la persona adecuada que sea de bendición para tu vida.

En un boliche nunca vas a encontrar una persona correcta, por el chat menos, y por Facebook, olvídalo. Son tantos los que hoy se están casando porque se conocieron en alguna red social, y al poco tiempo de estar juntos se dan cuenta que les ha tocado un verdadero monstruo.

Hace poco estaba yo leyendo una revista donde contaba la historia de una chica que conoció a un tipo en Facebook, el cual le bajó los cielos y las estrellas, todo el firmamento se lo puso a sus pies. Y ella le creyó cada palabra de lo que él decía. Mujeres: necesitan ser menos ingenuas. Sean más listas, observen mejor y abran más los oídos a las palabras del Señor.

La cuestión es que este tipo vino y los engañó a todos, a ella y a toda su familia, porque un buen día se casaron y a las pocas semanas el tipo la empezó a matar a trompadas. Era un vago, la mandaba a trabajar mientras él se quedaba en la casa haciendo sabe Dios qué cosas. Nunca trabajó, nunca hizo nada y finalmente la terminó matando y se dio a la fuga.

Cuánta diferencia hace cuando Dios envía Su ángel delante de ti.

Volviendo a la historia de Génesis 24, ¿qué hizo este hombre? Dice que llegó al pozo, paró a todos sus camellos y apartó un momento para decir: *"Oh Jehová, Dios de mi señor Abraham, dame, te ruego, el tener hoy buen encuentro, y haz misericordia con mi señor Abraham."*

¿Qué estaba haciendo este tipo? Estaba orando. ¿Qué estaba pidiendo? Guianza divina. Si tú te das cuenta, antes de conocer a la mujer que iba a ser la esposa de Jacob, él oró. Cuando la conoció, oró. Cuando los papás le dieron ya permiso de irse con este tipo, oró otra vez. ¿Cuál es la moraleja? ¿Qué hay que hacer? Consultar a Dios.

¿Qué es orar? Es hablar con Dios, pero que Dios te hable también, porque la oración no es un monólogo, tiene que ser un diálogo: tú le hablas al Señor, y Él te habla a ti. Tú le hablas a Él, le dices "Señor, guíame. Señor, ¿qué te parece esta mujer? Señor, esta chica o este chico me gusta, a este chico se ve que yo le gusto, ¿qué piensas, Señor?" Enciérrate en tu cuarto a dialogar con el Señor, y lleva tu Biblia, porque Él te hablará por medio de Su palabra.

Si Dios te ofrece su ayuda e intervención, ¿por qué no permitirle que lo haga? ¿Para qué meterte en la aventura más grande que puede haber después de caminar con Jesucristo (el matrimonio) sin el Señor?

3. El principio del trabajo

Repasemos lo que hemos aprendido hasta ahora. Número uno, el principio de mutualidad: mientras más cosas tengas en común con la otra persona, más fácil va a ser tu matrimonio. Número dos: deja que el Señor te guíe, Él enviará Sus ángeles delante de ti.

Y para descubrir el principio número tres, sigamos con la historia de Génesis 24. Recuerda que este hombre se puso a orar, y le dijo al Señor: *"He aquí yo estoy junto a la fuente de agua, y las hijas de los varones de esta ciudad salen por agua. Sea, pues, que la doncella a quien yo dijere: Baja tu cántaro, te ruego, para que yo beba, y ella respondiere: Bebe, y también daré de beber a tus camellos; que sea ésta la que tú has destinado para tu siervo Isaac; y en esto conoceré que habrás hecho misericordia con mi señor."*

El siervo de Abraham le pide una señal a Dios, y la misma tiene que ver con los camellos que traía consigo. ¿Sabes tú cuántos camellos eran? Se estima que alrededor de diez, y cada camello, cuando su tanque ya está vacío, puede beber hasta cien litros de agua. Multiplica eso por diez, y llegarás a la conclusión de que había que buscar alrededor de mil litros para satisfacer a estos dromedarios. Ahora bien, ¿cuántos litros le cabían al cántaro de la mujer? Se cree que entre unos cuatro a cinco litros, para que las doncellas pudieran cargarlos.

Entonces imagínate nada más cuántos viajes tuvo que hacer la doncella para darle de beber a todos esos camellos. ¿De qué nos está hablando Dios aquí? Que la persona ideal para ti tiene que ser alguien que tenga ganas de trabajar. La mujer no le dijo al criado: "Ay no, sácate tu propia agua, qué voy a andar dándote agua a ti y peor a esos animales espantosos." Porque la verdad es que los camellos son animales no muy gratos a la vista (ni al olfato), los camellos van caminando y van escupiendo. Son capaces de escupirte y vomitarte en la cara, un asco.

Ella pudo haber dicho "ni loca busco agua para éstos, que se las arreglen ellos", pero esa no fue su actitud, sino que tenía ganas de trabajar. Tú a lo mejor ya andas de novia o vas a andar de novio algún día ¿verdad? Quiero hacerte una pregunta, ¿te gusta trabajar?

Y seguro me dirás: "Ah sí, yo voy a apoyar a mi marido en su trabajo." Pero a tus padres no les haces ni caso, ni tampoco los ayudas con las tareas del hogar. En tu casa no mueves ni un dedo, o mejor dicho sólo mueves tres: el dedo gordo para cambiar de canal usando el control remoto, y estos otros dos para comerte las galletas. De ahí en más no mueves ni las pestañas.

Casarte no significa meterte ya de vacaciones por el resto de tu vida. Y si no me crees, pregúntale a tu mamá si ha andado de vacaciones los últimos 15 años. El trabajo es parte de la vida, si tú no trabajas ni tampoco cuidas tu empleo, si tú no eres el mejor en el trabajo, a ti te van a correr a cada rato de todos lados y puedes culpar a todos, pero tú vas a ser el culpable, porque no te gusta trabajar, porque no te gusta que te manden, no te gusta que te digan cómo hacer las cosas. Y con esa actitud vas a tener problemas en todos lados.

¿Tú crees que una vez que te cases tu marido te va a conseguir tres o cinco sirvientas para que te ayuden en tus quehaceres diarios? Ya quieres andar de manitas sudadas y no sabes por dónde se abre un huevo, no quieres ir ni a comprar la leche a la tienda de la esquina. Te pide tu mamá que laves los platos y te haces la loca, ya pusiste una señal afuera de tu cuarto que dice "zona de desastres, no se acerque, no moleste, fuera de aquí." No sabes ni lavar tu ropa interior.

Y los varoncitos, son docentes, ¿verdad? Se levantan a las doce, no sabes ni cómo se agarra un destornillador, y ni se te ocurre cómo hacer para cambiar la lámpara de tu habitación. Yo no sé si te has dado cuenta a estas alturas, pero cuando uno se casa, "estas señales seguirán a los que se casan, tendrán bebés": hay que cambiarles pañales, hay que darles de comer un montón de veces al día. Nunca más vuelves a dormir como antes.

Mujeres, ¿saben cocinar, saben coser? Recuerda que los mentirosos no entrarán al reino de los cielos. Por lo menos una vez acérquense a su mamá y díganle "mamá, enséñame a cocinar." ¿Cómo te cayó eso? Varones, vayan a estudiar, busquen un oficio, acércate a alguien que te enseñe carpintería, chapa y pintura, jardinería, o que te enseñe cualquier otro oficio. Es importantísimo que esa persona con la que te vas a casar tenga ganas de trabajar y que sea un trabajador incansable, porque hay que pagar muchas cuentas todos los meses.

Tú no puedes ir a la empresa que te provee de agua potable y decirles: "aquí está mi boleta, que Dios se los pague", tampoco puedes ir a los que te proveen servicios telefónicos con el mismo verso. No puedes presentarte allí y decir: "¿Saben qué?, por favor denme una tarjetita de cien dólares para hacer llamadas y que Dios se los pague", porque te van a decir: "Tal vez

Dios nos pague, pero usted tiene que marchar por delante con el billetito, de lo contrario, olvídelo."

Cuando llegas al matrimonio hay que pagar el alquiler, hay que pagar una casa, el seguro, la obra social, hay que comprar un autito y cada coche no viene solo, no funciona solo a aire, hay que echarle gasolina, hay que pagar los impuestos municipales, hay que hacerle el servicio técnico, hay que cambiar aceite, algún que otro repuesto de vez en cuando, etc., etc. Y todo es dinero, dinero, dinero.

Es en esta época de tu vida donde te tiene que empezar a gustar tanto trabajar como producir. Si tú no produces, estás fuera del juego, tú mismo te estás descalificando. Así que por favor, fíjate muy bien con quién te vas a casar. Observa lo que está estudiando, ¿tiene algún título, tiene algún oficio, le gusta trabajar o es re bueno para la salsa, el reggaetón, o quién sabe qué? Tal vez se mueve muy bien en la pista de baile, tanto que parece víbora a la que le echaron limón en la cabeza, pero si no le gusta trabajar, con esos movimientos no puedes ir a la telefónica y empezar a moverte así para todos lados y pretender pagar lo que debes. No, porque van a llamar a seguridad y le van a decir "por favor, sáquenme a este loco de acá."

Es tiempo de poner los pies en el piso, y acuérdate que lo que Hollywood te enseña es pura mentira. La vida real es totalmente diferente a la de las películas. El día que tú te casas necesitas sangre fría para pararte en el altar y verla caminando lentamente de la mano de su papá. Ahí se acabó esa onda de "pues mañana nos vemos, mañana te hablo."

Es muy fácil cuando vives con tus papás, es muy fácil cuando le dices a tu novia "luego te hablo." Es muy fácil cuando ves la cuenta del teléfono debajo de la puerta en tu casa y se la das a tu papá y le dices "toma, papá, te llegó esto."

Pero el día en que ella viene a ti caminando rumbo al altar, allí es cuando el padre de la novia te dice simbólicamente: "ahí te va, te la entrego, ya no yo, mas ahora tú." Ahí es cuando te empiezan a temblar las rodillas. Y si tú no fuiste un joven disciplinado, y si tú no fuiste una persona a la que le guste trabajar, y si tú no eres una persona dispuesta a rajarse el lomo para sacar adelante a tu familia; tu matrimonio va a ser una desgracia.

Y si eres una muchacha que está estudiando una carrera universitaria, te felicito, pero déjame decirte que una vez que tú te casas, vete olvidando de tu carrerita. Es la pura verdad. Aunque me digas que no, yo te digo que cuando nace tu primer hijo, adiós universidad. Cuando nazca tu primer hijo tu carrera es dedicarla a esos niños y a tu marido. No es machismo lo que te estoy hablando, sino la verdad de la vida. No digo que no tengas carrera, estudia y prepárate, pero hoy en día se le impulsa a la mujer a que tenga títulos, experiencia y cuántas cosas más.

Estudia todo lo que quieras, pero por sobre todas las cosas, ama tu hogar, porque ese es el principal rol de la mujer en la vida: amar su hogar. Si tú no amas tu hogar, si tú no eres una muchacha hacendosa, vas a tener una de broncas horripilantes en tu casa. Te estoy hablando con la cruda realidad, pero cuando tú te adaptas a la realidad, cuando te das cuenta cuál es el papel en tu vida vas a ser inmensamente feliz. Si tú cumples con la parte que a ti te toca en la vida, y si el hombre cumple con la parte que le toca, tendrán un matrimonio fuerte y duradero. Los dos deben estar deseosos de trabajar duro en cada una de sus áreas para sacar adelante a su familia.

Esta doncella que andaba con su cántaro no solamente estaba dispuesta a darle de beber al criado de Abraham, sino también a los diez camellos que traía con él. Y fue algo que salió de su corazón, nadie la obligó. ¿Estaba dispuesta a trabajar o no?

La verdad es que necesitas entrar al matrimonio con el deseo de trabajar, y trabajar duro en tu hogar. Si eres mujer debes ser una muchacha hacendosa, atenta a las necesidades de tu hogar. Y tú joven, necesitas estar dispuesto a trabajar, a levantarte temprano, y si es necesario acostarte tarde, con tal de sacar adelante tu hogar. Que no le falte nada a tu esposa, que no le falte nada a tus hijos. Y no me vengas quejándote de la crisis, porque los hijos de Dios no estamos en crisis, estamos en Cristo. Yo puedo decirte una cosa, para aquel hombre que está dispuesto a trabajar, no existen las crisis.

4. El principio de la belleza

Pasemos al principio que sigue, y para eso continuaremos leyendo Génesis 24, desde el versículo 15: *"Y aconteció que antes que él acabase de hablar* (antes de que terminara la oración), *he aquí Rebeca, que había nacido a Betuel, hijo de Milca mujer de Nacor hermano de Abraham* (el mismo linaje), *la cual salía con su cántaro sobre su hombro. Y la doncella era de aspecto muy hermoso."*

Cuarto: El principio de la belleza. ¿Qué quiere decir esto, que sí o sí tiene que ser semejante a una muñeca Barbie o a un Clark Kent? ¡Claro que no! Significa simplemente que te tiene que gustar a ti. Dios no te va a obligar a que te cases con el primer escorpión que salga. Dios no te va a obligar a casarte con una chica que no te guste, porque primero y principal te tiene que gustar a ti.

¿Cuántas veces has visto esas parejas medias disparejas? Ella es una belleza de otro planeta, y cuando va caminando anda dejando su aroma y todos los hombres no le apartan la mirada, hasta las mujeres se voltean a mirarla por su elegancia. Y el tipo que va junto a ella apenas le llega al hombro, gordo, de lentes y casi pelado, vestido como si hubiera salido de apuro, bien desprolijo. Todos los que observan piensan para sí: "¿y qué le ha visto ésta a ese tipo? ¡Por favor, que vaya al oculista!" Pero ella está fascinada con su gordito, lo ama, le encanta, porque a ella le gusta.

Principio de belleza: te tiene que gustar a ti, no a los demás, a ti te tiene que gustar. Si pesa ciento veinte kilos, pues entonces que sean ciento veinte kilos de amor. No digas "bueno, esta es la voluntad de Dios, me tengo que casar con éste... y la verdad que está horrible, no me gusta, Señor." Imagínate la primera noche de la luna de miel, ya se durmieron, y a mitad de la noche de repente ella despierta, lo ve en penumbras y grita como loca, asustada al verlo. Dios no quiere que te cases con una persona que no te gusta físicamente. Así que nunca vas a tener que decirle "mi amor, vamos, ponte la bolsa de papel con dos hoyitos, y camina por la acera del frente", no, porque te tiene que gustar a ti.

No te vayas a casar con alguien que nada más canta bonito, porque imagínate si te enamoras de su voz pero ni cuenta te diste de su aspecto, a la hora de irse a dormir la vas a ver toda llena de crema y ungüentos (o peor aún, sin maquillaje) y ahí lo único que vas a poder decir va a ser: "canta, ingrata."

Tampoco estoy diciendo que mientas y digas "está hermosísima" cuando en realidad no es cierto. El principio de belleza tiene que ver con que te vas a sentir a gusto con esa persona por los próximos 50 años. Mucha gente no nos parece hermosa cuando la vemos, pero una vez que la conoces te das cuenta que es una mujer o un hombre preciosísimos. Acuérdate que la belleza exterior no lo es todo, es importante, porque te debe de gustar, pero no dura para siempre.

¿De qué te sirve que tenga la carrocería de una Ferrari si por dentro no tiene motor? Vas a tener que empujarlo a todos lados. Un auto que no arranca es una terrible experiencia, es una carga en vez de un beneficio. Tampoco te sirve de nada que te cases con Miss Universo si la famosa modelo tiene un cerebro del tamaño de un grano de arroz.

Recuerda que la doncella era de aspecto muy hermoso, así que te tiene que gustar. Dios nunca te obligará a que te cases con una persona que no te gusta, porque Él no es un monstruo, ni un tirano, ni un loco. Él sabe cuáles son tus gustos.

5. El principio de la virginidad

Principio que sigue, el principio de la virginidad. Sí, leíste bien. Virgen. La voluntad de Dios es que tanto el hombre como la mujer se casen vírgenes. Y hasta el día de hoy la gran mayoría dice "no, pero eso está fuera de onda, eso ya no se usa hoy." Es más, hay unos payasos por ahí que traen unas camisetas que dicen "se vacuna contra la virginidad", se creen muy chistosos.

Hay una creencia y una tradición muy común entre la mayoría de los hombres de que tan pronto llegas a determinada edad, cuando ya te crees hombrecito, inmediatamente tu tío, o tu amigo, o el amigo de tu papá te lleva con una prostituta para que te deshagas inmediatamente de tu virginidad. Qué costumbre tan diabólica. Qué desgracia tan grande para la raza humana, y qué poco entendimiento de lo que significa el sexo.

El sexo es sagrado, y Dios nos lo dio como un regalo, como un don precioso y maravilloso. Pero el sexo solamente tiene un lugar, y ese lugar es el matrimonio. Tú no tienes que tener ninguna experiencia en el sexo para poder casarte. No necesitas ser el gran experimentado.

Cuando hablo de esto, yo siempre les pregunto a las mujeres, ¿cuántas se quieren casar con el más experimentado de la tropa? Levante la mano la que quiera casarse con un tipo bien experimentado, y que lo más probable es que traiga bastantes bichos adentro. Ahora vamos a voltear la tortilla, ¿cuántos de ustedes varoncitos quieren casarse con la más experimentada, con la que ha pasado de mano en mano por toda la tropa? Ah no, ¿verdad?, quieren una virgencita.

¿Qué nos hace pensar, como hombres, que nosotros sí podemos hacer lo que se nos dé la gana con la virginidad, mientras que la mujer tiene que llegar virgen al matrimonio? El plan de Dios es que tú, como hombre y tú como mujer, lleguen vírgenes al matrimonio, por seguridad, por sanidad, por protección, porque Dios nos dice "así es." No me digas que tú tienes más experiencia que Dios, no me digas que tú tienes más sabiduría que Dios, y no me digas que tú eres más inteligente que Él. Si Dios dice "no lo hagas" de seguro es por alguna razón específica, y las veremos más adelante.

¿Qué es la virginidad? Empecemos por ahí. Todo mundo cuando nace, lo hace virgen. La virginidad es ese estado en el que todo ser humano nace. Es el estado en el que Dios te envía al planeta tierra, y Él te envía cero kilómetro.

Después de Jesucristo y tu salvación, la virginidad es el tesoro más grande que jamás podrás tener, hombre y mujer, para ofrecérselo a aquella persona con la cual vas a vivir los próximos 50 años. Dios diseñó la virginidad para que sea el pacto de sangre entre un hombre y una mujer.

La mujer tiene una especie de fina y delgada tela ahí adentro que se llama himen, y cuando el hombre entra por primera vez en la mujer, se rompe esa telita, derramando sangre. El hombre queda mojado con esa sangre y en ese instante sucede algo extraordinario: la unión.

Por eso dice la Biblia: *"Por tanto, dejará el hombre a su padre y a su madre, y se unirá a su mujer, y serán una sola carne."* (Génesis 2.24)

Cuando el hombre tiene relaciones sexuales con la mujer, queda unido a esa persona en espíritu, en alma y en cuerpo para siempre. El apóstol Pablo, al hablar de esto, decía que el matrimonio es un misterio (Efesios 5:31–32). Pablo dice que cómo se unen, cómo llegan a ser una sola carne, es un misterio. Es como si dijera "no sé cómo le hace Dios."

La verdad es que cuando tú te juntas con una persona y tienen relaciones sexuales, tanto uno como el otro quedan unidos para siempre. Es como tomar dos hojas de papel, ponerles pegamento de un lado a cada una y unirlas. Luego de unos minutos, ¿qué pasa si tú quieres volver a separar las hojas? Se rompen, esta hoja que separaste de acá se lleva pedazos de la de acá, y esta de acá se queda con pedazos de la otra.

Lo mismo les sucede a dos personas que se unen sexualmente. Cuando llega el famoso "no funcionó" y se separan físicamente, esta persona se lleva pedazos de tus sentimientos y tú te llevas pedazos de sus emociones. El otro se lleva pedazos de tus pensamientos, y pedazos de tu vida, de tu corazón.

Por eso no podemos convertirnos en atletas sexuales, teniendo relaciones íntimas con todos lo que se nos crucen por delante, porque no se puede, porque el sexo es sagrado.

Este principio de la virginidad es también el principio de la moralidad. Es algo que ya se está extinguiendo en este siglo 21, algo que ya nadie toma en cuenta, es un valor que la mayoría de la gente lo tiene como basura y lo ha pisoteado hasta el hartazgo. Ellos dicen: "qué me importa eso, no sirve para nada, yo quiero mi satisfacción, ya, ahora, quiero estar contigo, quiero sacarme las ganas, vente para acá."

Y quiero decirte lo siguiente: eso de andar con uno hoy y con otro mañana lo hace cualquier burro, cualquier perro y cualquier gato. Cualquier animal se une y se separa, deja preñada a su compañera del momento y luego se va. Pero resulta que tú y yo no pertenecemos al reino animal como nos han dicho, sino que pertenecemos al reino de los cielos, somos ciudadanos del reino de los cielos y no puedo hacerle eso a mi prójimo sin destruir su vida, por más que yo no lo quiera.

El sexo es sagrado, y la virginidad es la señal de pacto entre un hombre y una mujer, por eso digo que la virginidad es tu tesoro más grande. Tú no puedes entregarle tu tesoro más grande al primer hijo del diablo que se te cruce por el frente o a la primera hija del diablo que pase por delante de ti.

Las razones de Dios

Hay razones poderosísimas por las cuales no debemos involucrarnos en relaciones sexuales antes del matrimonio y fuera del mismo, porque Dios las juzga severamente, y porque Él sabe que al hacer eso estás poniendo en peligro tu vida y la continuación de la raza humana.

Acuérdate que Dios quiere obediencia, y por algo Dios te lo dice. No es porque Él es un viejito aburrido que está ahí arriba sin nada que hacer y quiere impedir que disfrutes la vida, al contrario, te lo dice para que vivas tu vida al máximo potencial. Te lo dice porque Él sabe las broncas y los líos en los que te vas a meter si tú no aprendes a manejar esta situación del sexo. Mira lo que dice:

"¿No sabéis que los injustos no heredarán el reino de Dios? (Es decir, que no van a entrar al cielo) *No erréis; ni los fornicarios, ni los idólatras, ni los adúlteros, ni los afeminados, ni los que se echan con varones, ni los ladrones, ni los avaros, ni los borrachos, ni los maldicientes, ni los estafadores, heredarán el reino de Dios."* 1 Corintios 6.9

¿Quedó claro? Como habrás notado, la mayor parte de estos problemas son sexuales: fornicarios, adúlteros, afeminados, los que se echan o tienen relaciones hombre con hombre; no van a heredar el reino de los cielos.

A Dios no lo vamos a cambiar, no estamos aquí para cambiar a Dios, estamos aquí para que Dios nos cambie. Si mi cabeza está para atrás, y si mi cabeza está al revés, y si mi cabeza está convencida de que "casi toda la población ya ha aceptado a los homosexuales, así que eso quiere decir que ya es normal, y que Dios ya lo aceptó", tendré grandes problemas.

Pero déjame recordarte que casi toda la población de las ciudades de Sodoma y Gomorra eran homosexuales, y Dios les advirtió, y luego los fulminó, los quemó, los carbonizó y los metió al infierno a todos. Porque con

Dios no se juega, a Dios no lo voy a cambiar, sino que Él me quiere cambiar a mí.

Ahora bien, si tú no deseas cambiar, dale, síguele, métele duro, diviértete como dicen; pero acuérdate que se te dijo, acuérdate que se te advirtió y acuérdate que el Señor no cambia: "porque Yo Jehová no cambio" (Malaquías 3.6).

Vamos a ver con más detalle esta lista. ¿Quiénes son los fornicarios? Los que tienen relaciones sexuales antes del matrimonio. Es decir, andas de novio y ya tienes relaciones sexuales con tu novia, que es lo más normal el día de hoy en este mundo, ¿verdad? Porque no nos aguantamos, porque no nos esperamos, y le dices a tu chica: "dame una prueba de amor" y pones esa canción de Luis Miguel para convencer a tu novia, y lo haces, la convences, tienen relaciones y te conviertes en un fornicario.

¿Qué es adulterio? Estás casado, te encuentras con la otra, la secretaria, porque tu mujer no te hace caso, siempre tiene dolor de cabeza, que ya le bajó, que no le bajó, que si le subió, que no sé qué onda y la otra siempre llega pintadita, arregladita, perfumadita y te tira la onda y caes, porque fuiste débil y porque la situación se prestó. Tengo malas noticias: no vas a poder entrar al reino de los cielos.

El que sigue, los afeminados. ¿Quiénes son? Cuando naciste, una de dos, o dijeron "o fue varón o fue niña." Nunca en la historia de la medicina levantaron un bebé y dijeron "ah, es un afeminadito, o es un homosexualito." Nunca en la historia de la humanidad han levantado a una niña justo después de nacer para decir: "es una lesbianita." Nunca, eso simple y llanamente no existe.

O eres varón o eres mujer, pero no hay términos medios, porque ya traes contigo tu credencial. Tu credencial te dice qué es lo que te corresponde, y si no sabes lo que eres, pues entonces échate una miradita para abajo y ahí te vas a dar cuenta lo que eres.

Entonces, ¿qué es un afeminado? Una persona que es hombre pero no habla como hombre, no se mueve como hombre, no se viste como hombre, no hace las cosas que hacen los hombres. Porque hay códigos de vestido, hay códigos para la forma de hablar y también hay códigos de comportamiento. Pero si tú traes aretes y te mueves así, muy delicadamente, y si te juntas con puras mujeres, algo está mal contigo.

No me estoy burlando, te estoy diciendo esto porque tu vida corre peligro, tienes que hablar como hombre, tienes que moverte como hombre, te tienen que gustar las cosas de los hombres.

Yo me acuerdo que cuando vivía en Cabo San Lucas, ubicado en el extremo sur del estado de Baja California Sur, en México, conocí a un chico que iba a la escuela privada y católica donde yo asistí. Él era sacerdote, pero yo le prediqué y se convirtió al Señor. En ese tiempo él iba a nuestras reuniones y un día me dice: "mira, Jorge, como yo no sé nada de Biblia, ¿qué te parece si los miércoles que yo tengo que hacer una misa para todos los de la escuela la hago rapidito, me apuro en dar la misa y luego tú nos enseñas unas alabanzas y nos predicas la Palabra de Dios?" Así que todos los miércoles me tenías allá en esa ciudad de México y ahí fue donde gané a este chico, un tipo alto, rubio, de ojos claros, y bien parecido. El único problema era que hablaba muy delicadamente, era muy amanerado. Resulta que era más bien afeminado. Yo sabía que no era homosexual, sino que se comportaba de manera extraña.

Cuando lo empiezo a conocer, me cuenta que tenía seis hermanas mayores y que él era el más pequeño. Su mamá era algo así como una generala de división, y el papá era más bien tranquilo y pausado en su manera de ser. Era de esos tipos que decían "lo que digas mi amor, lo que diga mi mujer." Así que mi amigo se crió toda la vida con un padre débil de carácter y estuvo rodeado de puras hermanas, las cuales todo el día estaban pintando, todo el día estaban peinándose unas a otras y todo el día se estaban perfumando y hablando entre ellas.

Creo que por eso era afeminado este tipo, porque era lo único que vio toda su vida. Entonces un buen día se le ocurrió ir a mi casa de vacaciones, allí en Cabo San Lucas. En ese tiempo, y si no había mucho viento, todos los días yo me iba a pescar. Algunas veces iba a bucear y a sacar pescados con mi arpón, según cómo estuviera la cosa. Si no se podía, entonces me iba de cacería con mi escopeta de doble cañón, a cazar palomas. Desde el mediodía hasta las tres de la tarde, todos los días, era mi terapia psicológica para sacarme todos los líos de la iglesia, y me iba a limpiar el cerebro con esas actividades.

Entonces recuerdo que llegó este tipo y se estableció ahí con nosotros, y apenas llegó decía "ay, qué lindo todo." Al día siguiente, cuando regresé de la iglesia en la mañana, llegó la hora de irme a pescar, y le dije: "acompáñame a pescar", y me dice: "ay, no puedo porque le prometí a Eva (mi esposa) ayudarle con el quehacer."

"Bueno, ahí nos vemos", y me fui a pescar. Al otro día había mucho viento, así que le dije: "Ven, acompáñame. Vamos de cacería, me acaban de traer esta caja de municiones. Vamos a cazarnos unas palomas o unas codornices." Y me dice "¡ay, no! Le prometí a Eva hacer el postre."

Al instante de haberlo oído, y todavía con la escopeta en la mano, le dije: "súbete a mi carro", y el tipo me miró todo asustado y simplemente respondió, en voz baja: "bueno." Así que se subió al automóvil, y luego yo también me subí, con la escopeta en mis pies.

Yo vivía en el monte, lejos de la ciudad, y de repente me paro en un lugar descampado, en donde había un cementerio del lado derecho. Inmediatamente luego de frenar, veo que hay una paloma posada en uno de los cables de luz, así que sin mucho preámbulo tomé mi rifle, apunté y se sintió el gran estruendo: "¡PUM!" La palomita cayó muerta al piso.

A continuación me doy la vuelta para verlo a mi amigo, y él estaba petrificado, asustado, blanco como un queso y con la boquita apretadita. Y le dije así: "oye, ¿cómo te llamas?"

"José Antonio", me respondió, atónito.

"Ah, bueno, menos mal que no me dijiste Guadalupe o Patricia. Te llamas José Antonio porque cuando naciste dijeron es un niño, varón. Pero yo veo que tú hablas como mujer, te mueves como mujer y te gustan las cosas que a las mujeres les gusta hacer, ¿qué te pasa? ¿Por qué cuando caminas te mueves así, estás loco?"

Y yo todavía con el rifle en la mano, pero continué diciéndole: "te digo esto con todo mi amor, con todo respeto, pero necesitas empezar a cambiar tu forma de ser, porque la Biblia dice que los afeminados, (y tú eres un afeminado) no van a poder entrar al reino de los cielos, porque estás violando la naturaleza, tu naturaleza. Tienes que cambiar. Habla como hombre, camina como hombre, vístete como hombre, y procura que te gusten las mujeres."

Lo único que contestó fue un débil "bueno", y regresamos. A la noche me dije a mí mismo "pobre tipo, ya debe estar todo asustado." Recuerdo que al día siguiente desayunó y luego hizo su maleta y se fue en el primer avión que encontró en el aeropuerto. Pasó un año entero sin saber nada de él.

En una ocasión me tocó ir a la Ciudad de México para predicar en Amistad Cristiana de esa ciudad, y luego de haber terminado estaba platicando con la gente, y de repente me toca alguien de atrás y escucho una voz gruesa y varonil que me dice "Jorge." Resulta que era José Antonio, y me dice: "te quiero presentar a mi novia." Supe que después de un tiempo se casó con esa rubia hermosa. Él cambió totalmente, tiene tres hijas hermosísimas, es un maestro de la educación, y hasta la voz le cambió. Me da tanto gusto que pasó eso, porque iba por un rumbo terrible.

Si eres varón, péinate como varón, haz cosas de varón. Y quizás me digas "no, pero es que lo que sucedió conmigo fue que me tocaron y me violaron." Tengo buenas noticias para ti: eso no te quita lo varón: perdona a los infelices que te hicieron eso y sigue adelante en la vida, y decide desarrollar el papel que te ha tocado en parte.

Hay cosas en la vida que no se escogen. Yo no escogí ser hombre, tú no escogiste ser mujer, yo no escogí a mis padres, tú no escogiste el país donde naciste. Todas esas cosas las elige Dios. Tu género lo escogió Dios, así que acéptalo y deja de estar rebelde y caminando contra Su voluntad. Lo que sí puedes elegir tú es decidir ser todo lo que tienes que ser para el Señor.

Y luego dice: "ni los que se echan con varones", y aquí está hablando de los ya declarados homosexuales. Algunos de estos hombres hasta se operan y se quitan los miembros, imagínate nada más qué barbaridad. Este modo de vida no es normal, no es natural, tú no naciste homosexual, te hicieron, te contaminaron, te infectaron y si tú realmente quieres caminar con Dios, Él te puede sanar, te puede sacar toda esa mugre, y te puede perdonar.

Yo te puedo decir una cosa, los homosexuales son las personas más miserables y tristes que hay en este planeta, aunque aparentan libertad, alegría y desinhibición. Aunque no pueden tener hijos, ahora adoptan o alquilan vientres para lograr sus propósitos, pero jamás podrán tener un hijo legítimo, y si eres hombre, jamás podrás ser una mujer.

Yo digo, qué difícil tener que pelear contra lo que no eres todos y cada uno de los días que estés con vida. Cada día estas personas necesitan pintarse, ponerse sus pelucas o tratar su pelo como si fueran mujeres, y las uñas, y la ropa, etc. Imagínate nada más querer tener todo eso que tienen las mujeres para convencer al mundo entero, pero cuando llega la noche y te bañas te das cuenta que no eres Florencia sino que eres Pedro.

El estilo de vida homosexual es una lucha constante, es nadar contra la corriente todos los días, y es un camino en contra de la naturaleza. A eso Dios lo considera una perversión, y si tú insistes con este modo de vida Dios te dice: "Si es lo que deseas hacer, está bien, hazlo", pero dice la Biblia en el libro de Romanos que te entrega a una mente reprobada para hacer cosas que no convienen, para ir en contra de la naturaleza rechazando el placer de la mujer por acostarte con hombres. Y no queda otra cosa más que una horrenda expectación de fuego y azufre en el infierno.

No hay como ser hombre, y si eres mujer, no hay cosa semejante a ser mujer, no hay nada más hermoso que eso. Y quiero decirte que hay razones poderosísimas por las cuales no debes involucrarte en relaciones sexuales ni antes ni fuera del matrimonio o en contra de tu naturaleza, porque las consecuencias son terribles.

Las razones de un verdadero cristiano

La primera razón por la cual no debo involucrarme en relaciones sexuales debe ser una y con esa te basta: **porque no quiero.** No me quiero perder por la eternidad, no quiero y punto. Tienes que aprender a decir "no quiero." No puedes vivir toda tu vida cediendo constantemente a la presión de los amigos, a la presión de esta generación y a la presión de los medios de comunicación.

Hoy en día hasta para venderte un chicle te presentan a una tipa semidesnuda con más curvas que el camino que va hacia las altas cumbres. Y lo peor de todo es que lo que consumen tus ojos es artificial, porque el día de hoy ya no sabes qué es real, porque te aseguro que lo que te muestran son de plástico y de siliconas.

Acabo de leer un reportaje en una revista de investigación que menciona que más de la mitad de las mujeres que se han puesto esas siliconas el día de hoy están teniendo problemas terribles, porque la silicona se sale de su lugar, se rompe lo que hay adentro de esa bolsa y termina infectando el cuerpo de la mujer, produciéndoles cáncer de mama y todo tipo de trastornos irreversibles.

Quiero decirte una cosa, yo he visto a una mujer de mi congregación morir de cáncer de mamas y se nos fue en dos semanas con un sufrimiento atroz, fue una muerte tan horripilante que no se la deseo a nadie, ¿y sabes por qué? Por ponerse implantes.

Por favor, así como Dios te hizo, así quédate, así estás preciosa, así estás bien parecido, que no se te ocurra ir en contra de la naturaleza. Entonces, primera razón: No quiero. Jamás te sometas a hacer cosas que no quieres hacer o para las cuales tu consciencia te grita fuertemente diciendo "no lo hagas."

¿Qué es la consciencia? La consciencia es ese receptor que Dios puso ahí adentro para hablarte, es donde recibes el "Sí" o el "No" desde arriba. Aprende a hacerle caso a tu consciencia, nunca apagues su delicada y suave voz. Si tu consciencia te está diciendo que estás corriendo peligro eterno, pues entonces créeme que tu vida realmente está corriendo peligro, así que no hagas eso, no te metas en eso, aprende a decir no quiero.

Si vienen y te ofrecen un cigarrillo, atrévete a decir "no quiero" ¿Droguita? "No quiero." ¿Sexo fuera del matrimonio? "No quiero." ¿Vamos a hacer este deporte extremo? "No quiero." Aprende a decir no quiero a todo aquello que pone en peligro tu vida, cuida el templo que Dios te regaló, el cual le pertenece a Él. Usa tu cuerpo para darle gloria, no para autodestruirte.

Jamás te sometas a hacer cosas que sabes que están mal o que ponen en peligro tu vida por presión, por ser aceptado, "para que no se vaya mi novio, porque si no lo hago me va a dejar, lo quiero mucho, y me está insistiendo todos los días…" Termina esa relación ya mismo, porque tu vida en este planeta y tu eternidad están en juego, tus próximos sesenta años de vida están en juego.

Aprende a decir no quiero, no quiero fumar, no quiero drogarme, no quiero alcohol, nada de eso fue diseñado para mi vida; así que no lo quiero para mí.

Segunda razón: **embarazo**. Todavía hay muchas que piensan: "No, pero a mí no me puede pasar, le pasa a todas allá en Estados Unidos, pero acá no." ¿Ah, sí? Dime, pues, ¿cuántas mujeres o madres solteras conoces?

Hoy en día todavía hay muchachas que si les preguntas "¿pensaste alguna vez que te podría pasar esto a ti?, te van a decir: "Jamás. Le pasó a mi tía, a mi prima, a dos o tres amigas, pero a mí, nunca." Pero de repente, ahí está, ya tienes el paquetito lleno.

Detente un momento a pensar: ¿Qué harías embarazada en esta época de tu vida, cuando tienes que estar estudiando, cuando tienes que estar trabajando, cuando tienes que estar descubriendo herramientas para proyectar tu futuro? Pero de repente viene el bebé, ¿qué vas hacer, abortar, matar al niño, convertirte en una asesina y cargar con eso en tu consciencia por el resto de tu vida?

El embarazo es una razón poderosísima por la cual tú tienes que aprender a decir "no quiero." Imagínate si quedas embarazada. No te bajó y ya llevas tres o cuatro semanas que no te baja. ¿Cómo le vas a decir a tu papá, qué le vas a decir a tu mamá?

Al rato se va a notar, ¿qué vas a hacer, quién te va a ayudar? Tu novio se entera de la situación, le cuentas que estás embarazada, y de pronto siente el llamado a la legión extranjera allá por "Akinostán", pero huye como el mejor y se va para allá. Y te dice: "lo siento, pero he encontrado mi verdadero amor, adiós", y se va, porque eso es lo que la mayoría de los varones hace. Son irresponsables porque todavía son adolescentes, aunque si me dijeras que ya pasó los veinte, todavía son jóvenes en proceso de formación, y huyen porque no tienen ni medio dedo de cerebro, porque son unos imprudentes. Eso sí, se quieren sacar las ganas, y tú les diste cabida.

¿Realmente vale la pena arruinar toda tu vida (y la del niño que viene en camino) por sólo tres minutos de placer? Sigamos suponiendo que estás embarazada y tu novio abandonó el barco, ¿qué vas a hacer? Empieza a crecer la panza, se desaparece tu hermosa cinturita, empiezan unos dolores horribles, rarísimos, te sientes que te mueres, sientes náuseas, que vomitas, sientes que te mareas, ya no sabes ni sentarte, no quieres pararte, no quieres acostarte, te está creciendo un "alien" ahí adentro y todavía no empiezan los líos.

¿Quién te va a pagar durante esos 9 meses las visitas al ginecólogo, quién te va a comprar la ropa para embarazada, los medicamentos y las cosas que necesitará el bebé apenas llegue a este mundo?

De repente viene el día en que te llegan los dolores de parto, ¿quién te va a llevar al hospital, y quién va a estar junto a ti cuando empiecen los dolores y cuando comience a salir la cabecita por allá abajo?

Finalmente, y luego de tanto dolor, sale el bebé, te lo envuelven, (¿en qué lo van a envolver si no tienes ni para un pañal?), te lo traen y te dicen "señora, aquí está su bebé." ¡Tienes quince o dieciséis años y ya te dicen señora! No sabes ni cómo agarrar el bebé, no sabes cuáles son la cabeza y cuáles son los pies, no tienes ni idea. Te levantas con el bebé y empiezas a caminar hacia afuera, pero, ¿a dónde vas, quién va a ser el papá de ese niño, quién va a educarlo, quién va a sostenerlo, quién va a mantenerlo, quién va a comprarle la ropa? Cuando son muy pequeños los niños van creciendo muy rápido y usan mucha ropita. ¿De qué vas a vivir, de limosnas?

Tres minutitos de placer, y mira lo que te está provocando. Ya no vas a poder ir a la escuela, ya no vas a poder terminar la secundaria, no vas a poder terminar la universidad. Nunca vas a poder tener un título, tus nuevas ocupaciones ahora incluyen hacer de mamá, pero también de papá, tendrás que amarlo y disciplinarlo a la vez.

Los niños lloran, los niños son tercos, los niños tienen hambre, ¿sabías que a los niños pequeños les da hambre cada tres horas? Hay que darles de comer, y tú no puedes ir a la tienda y decir "me llevo todo el carrito lleno, que Dios los bendiga y les pague todo esto." Despiértate a la realidad, es tiempo de poner los pies en el piso y sacarnos de la cabeza todas las mentiras de Hollywood.

El otro día vi una película donde la protagonista, una señora, iba con sus libros por la calle cuando de pronto se le acerca un payaso que se hace el francés y se tropieza con ella. Le tira todos los libros al piso, y mientras se los levanta, le empieza a hablar en francés "qué lindo su pelo, señora, es usted muy bonita", y la otra, maravillada, haciendo jueguito con sus ojos y pensando: "¡ay, este francés! Que viva el amor."

El tipo, bastante rápido, le dice "yo vivo aquí, madame, ¿quiere pasar a mi departamento?", y la otra le contesta "bueno." Aunque casada y todo, la tipa se mete ahí. Y para no hacértela tan larga, lo que te da a entender luego es que tuvieron sexo toda la noche, sin parar. Lo que Hollywood quiere que tú pienses es que ellos no pararon en toda la noche.

Pero hoy yo te digo lo siguiente: eso no existe, solo es posible con actores de películas en Hollywood. Si con un ratito te mueres, imagínate entonces toda la noche. Y ves en esa película todo el departamento en penumbras excepto una fuerte luz roja que apenas los alumbra, y el fuego allá en la chimenea, y el fuego en la cama, y fuego por todos lados. Puras mentiras y nada más que mentiras.

Ya no me acuerdo la trama de la historia, pero resulta que la policía estaba buscando a este tipo que se hacía el francés, y cuando lo encuentran empiezan los balazos, las explosiones, las maldiciones a viva voz y de pronto ves que el tipo este deja de hablar así como francesito. Y a la otra se le arruina el matrimonio, se mete en una de problemas con su esposo y se le viene abajo el mundo entero.

Y eso sí que es real. ¿Y por qué le sucedió? Por no esperar. Por simplemente dejarse llevar, como dicen que deberías de hacer.

Mira la gran diferencia si decides esperar por la persona correcta que Dios tiene para ti: fueron novios, te aguantaste, esperaste, estuvieron tentados pero no lo hicieron, se reservaron el uno al otro. Llega el día de la boda civil y se casan, te casa el pastor, la boda es maravillosa, luego viene la fiesta, y llega el gran día, la hora en que ya quedas solo con ella. Llegas a la recámara nupcial, la puerta está cerrada, y antes de abrirla, la tomas entre tus brazos, la cargas (si puedes, desde luego, porque hay veces en que por más fuerzas que tengas eso no se puede), y le dices "mi amor, yo me he guardado toda mi vida, y esta noche te voy a dar mi más grande tesoro, mi virginidad."

Que el hombre le pueda decir eso a la mujer ya es algo de otro mundo, tanto así que tal vez la muchacha se desmaye allí mismo, tal vez entre en coma al oír lo que le está diciendo el tipo, porque eso ya casi no existe en este mundo. Pero cuando ella se recupera, le dice de la misma manera "mi vida, yo te voy a entregar a ti mi más grande tesoro, y hoy vamos a establecer un pacto de sangre, de por vida, te prometo fidelidad todos los días de mi vida."

¿Cómo te sonó esto? ¿Cursi, antiguo, feo, mala onda, o como lo correcto? ¿Sabes por qué te estoy hablando de esto? Porque a mí no me lo dijeron, y porque a mí nunca me platicaron de estas cosas. Por eso cuando conocí a Cristo yo decidí una cosa: voy a hablarles a las jóvenes todos los días de mi vida de las cosas que a mí no me predicaron.

Vale la pena buscar a Dios en cuanto a este tema, guardarse, casarse, planear el matrimonio y planear nuestras vidas. Vale la pena.

Así que repasemos, razones por las cuales no deberías tener sexo antes de tiempo. Número uno: no quiero, número dos: embarazo.

Y número tres: **enfermedades venéreas**. Con respecto a este tema, el día de hoy solo se habla del sida, y es como que ya se han olvidado (o nos quieren hacer olvidar) de la gonorrea, el sífilis, el herpes, y las otras treinta diferentes enfermedades que existen actualmente. Y no porque ya no se habla de ellas quiere decir que ya no existen. Hace poco leí que el año pasado más de 50 millones de norteamericanos estuvo padeciendo de algún tipo de infecciones venéreas.

Para las enfermedades venéreas no hay medicina, no hay forma de quitártelas, tomas un poco de penicilina y se te calma un poco, pero a las dos o tres semanas vuelven a aparecer, y piensas que ya te curaste pero luego esa infección vuelve. Las enfermedades venéreas son como esos hongos que no te puedes sacar de los pies, te pones algo y se van por un tiempo, pero al rato vuelven, y te dan temperaturas altísimas, transpiras en seco, sientes comezón, sientes ardor, se te abren heridas en tus partes íntimas, y si estás embarazada el bebé corre el peligro de nacer infectado.

Las enfermedades venéreas son las culpables de que muchos niños nazcan retrasados mentales, con deficiencias motoras, ciegos, mudos, sordos y deformes. ¿Has visto todos esos niños en sillas de ruedas?, la condición de muchos de ellos son efectos directos de las enfermedades venéreas.

Y cuando nace así un niño, ¿qué es lo primero que dice la gente? "Dios tiene la culpa, ¿por qué permitió esto?" Porque te lo dijo, te advirtió que nadie de los que practican las cosas que hemos visto anteriormente va a entrar al reino de los cielos. Dios le dejó claras instrucciones a la humanidad para que no hagan estas cosas, porque van a producir problemas terribles, dolor, sufrimiento y frustración. Pero nadie le hace caso, nadie escucha a Dios, todos hacen lo que se les da la gana, o hacen la voluntad de Dios a medias, como hizo Saúl, que dijo: "sí, ya maté todo, pero me traje lo mejor de esto, y lo mejor de aquello, y le perdoné la vida a este otro", y hacer la voluntad de Dios a medias no es hacer la voluntad de Dios, es hacer lo que a ti te parece. Y cuando tú andas haciendo la voluntad de Dios a medias, es tu vida la que va a sufrir las consecuencias.

Por eso Dios es tan severo con todo esto, no es porque sea un anticuado o un viejito que ya está a punto de morirse, sino porque Él sabe mejor, Él sabe el peligro, Él conoce los riesgos.

Cuarta razón: **malas memorias**. Una vez que tú te juntas con una persona para involucrarte íntimamente ya no hay forma de sacártelo de la cabeza. Créeme lo que te digo, por más que ores y ayunes, no hay forma. Vas a recordar con todos los que te acostaste, te vas a acordar de cada situación, y lo malo de todo esto es que cuando decidas al fin casarte, todas y cada una de las situaciones que has vivido anteriormente se te van a venir a la cabeza cuando estés con tu esposita.

Todas tus aventuras anteriores te van a jugar en contra, porque cuando tienes relaciones con tu esposa te viene a la memoria la otra, y "que ésta no lo hace como ella, o que él no es como el anterior, y que éste no me satisface, y que ya no me gusta", y empiezan los problemas. Es impresionante la cantidad de matrimonios que acaban en la ruina por las malas memorias a la hora de la cama.

Cinco y última: **porque Dios dice que no lo hagas**. La última razón por la que no deberías tener sexo antes del matrimonio, y la más poderosa, es porque Dios te dice que no. Cuando tú mamá o tu papá te dicen "no hagas eso, no vayas a ese lugar, no andes con esa persona", ¿sabes por qué te lo dicen? No porque quieren oírte protestar diciendo "¡ay, ¿para qué te preocupas?, eres muy preocupona mamá, no te metas en mi vida." No te lo dicen porque se quieren meter, tampoco porque te quieren arruinar la vida y hacértela más complicada, sino todo lo contrario: porque tienen más experiencia, porque ya han andado el mismo camino que tú, y porque ven peligros que tú no ves.

Por eso ellos te dicen "no andes con ese tipo, lo veo muy mujeriego", pero tú les gritas: "cállate la boca, yo sé lo que hago", o tal vez te dicen "hijo, no te metas con esa chica, mira las minifaldas que trae, es demasiado coqueta esa mujer", pero tú les reprochas: "No, cállate la boca mamá, yo la voy a cambiar, vas a ver que cuando nos casemos va a ser diferente."

Ahora bien, si Dios te dice "no hagas esto", imagínate nada más la experiencia y los años que te lleva Dios. Tú nunca vas a ser más sabio que Él y tampoco vas a tomar mejores decisiones que Dios, nunca. Por algo Él nos da Su palabra, para que de Su experiencia nosotros tengamos una buena vida.

Dios me dice que no porque si fornico no entro, si adultero no entro, si me ando de afeminado no entro, si ando de homosexual o de lesbiana tampoco entro. ¿Y de qué se trata todo esto? De entrar al reino, de ir al cielo a estar con Él, y mientras voy de camino, tener una buena vida en este mundo que testifique de Su existencia.

"No, pero esto de casarse son puros papeles y nada más." ¿Has oído esa estupidez? Vivimos en una sociedad, no vivimos en un monte lleno de cavernícolas, y todas las leyes tanto de Dios como de los hombres han sido así establecidas para nuestro bien. Tú no te puedes casar por el civil si no traes los exámenes prenupciales, tienes que ir a hacerte un análisis de sangre, hombre y mujer, a ver si no tienes alguna enfermedad contagiosa. Es por tu bien. ¿Qué pasa si descubres que tu pareja tenía tuberculosis o sida luego de estar con ella? Los "papeles" están así establecidos para tu propio bien.

¿Sabías tú que hay hombres y mujeres que tienen sida y que están tan amargados que han decidido estar con todas las personas que se les pasen por delante para pegárselo? Esos "papeles" son para protegerte, para saber si ella está apta para casarse contigo, para saber si puede tener a tus hijos, para saber si es apta para que puedan vivir juntos.

6. El principio de nuestros padres

El versículo 19 de Génesis capítulo 24 continúa diciendo: *"Y cuando acabó de darle de beber, dijo: También para tus camellos sacaré agua, hasta que acaben de beber. Y se dio prisa, y vació su cántaro en la pila, y corrió otra vez al pozo para sacar agua, y sacó para todos sus camellos. Y el hombre estaba maravillado de ella, callando, para saber si Jehová había prosperado su viaje, o no. Y cuando los camellos acabaron de beber, le dio el hombre un pendiente de oro que pesaba medio siclo, y dos brazaletes que pesaban diez…"*

¿Ya te diste cuenta cuántos regalos traía el tipo en los camellos? Así viene cargado el Espíritu Santo para todo aquel que le hace caso y se aguanta. Las bendiciones de Dios no tienen límite.

Sigue el relato: "*y dijo* (el criado de Abraham): *¿De quién eres hija? Te ruego que me digas: ¿hay en casa de tu padre lugar donde posemos?*"

Este hombre estaba muy interesado en la ascendencia de esta mujer. Necesitaba saber si era una mujer de hogar, si era una mujer hija de familia. Ella le pudo haber dicho "no, no tengo nada, no tengo a nadie, estoy libre." Ella pudo haberle ocultado y escondido a sus padres, pero sin embargo ella respondió:

"Soy hija de Betuel hijo de Milca, el cual ella dio a luz a Nacor. Y añadió: También hay en nuestra casa paja y mucho forraje, y lugar para posar."

Sexto principio: el *principio de nuestros padres*. Tus papás son importantísimos en cualquier noviazgo o en cualquier decisión que vayas a tomar para casarte. No puedes ignorarlos, no puedes hacerlos a un lado, no puedes decir "bueno, aquí yo me caso y me vale lo que me digan los demás", porque es a través de nuestros padres que Dios nos da protección, sabiduría y consejo.

Dios usa a nuestros padres para bendecirnos, no para maldecirnos. Nunca le ocultes nada a tus padres, todo hazlo a la luz de ellos, y si tu padre o tu madre te dicen "Oye hija, oye hijo, ese muchacho no me late", entonces para las orejotas. Y oye a tu mamá, oye a tu papá. Si ellos te dicen algo así, entonces pregúntales "¿qué es lo que no te convence?" "pues mira, hija, me parece que es muy tomador, le entra mucho a la cerveza; o me parece que es muy mujeriego." Y si escuchan algo así, no contesten "¡ay, mamá, tú siempre viendo monos con trinchete!" No le salgas con que "¡ah, ustedes ya están viejos, ya disfrutaron de su vida, ahora me toca a mí, y me caso con éste porque me caso!" Escucha a tus padres.

Si prestas atención a la última parte de esta historia, notarás que del versículo 28 al 60 te habla de la relación que ella tenía para con sus padres, y verás el respeto y la honra que ella les ofrecía. Y si lees con detenimiento, verás que ella no hizo nada a escondiditas, ella no les ocultó absolutamente nada a sus padres sino al contrario:

"Y la doncella corrió, e hizo saber en casa de su madre estas cosas."

Todo lo que ella hizo lo hizo a la luz de sus padres. El principio de nuestros padres es sumamente importante. Fíjate un momento el corazón de Abraham, el padre del novio. Él le dijo a su criado "no vayas a traer a una hija de los cananeos." Estaba preocupado por el futuro de su hijo, no solamente el futuro aquí en la tierra, sino su futuro eterno. A lo largo de toda la Escritura, Dios nos hace un sobre énfasis en mantener una relación íntima, sana y fuerte con nuestros padres. Tanto tu papá como tu mamá necesitan conocer todos tus planes. Tan pronto oyó Rebeca los planes que traía este hombre, corrió y se los dijo a sus padres.

7. El principio del tiempo correcto

Y llegamos al séptimo principio. Es tan fácil adelantarse, y muchos dirán que soy anticuado, pero por el amor de Dios, si tienes entre 16 y 20 años, no tienes nada que hacer con noviecito. Lo siento, pero es la verdad, y lo digo por la sencilla razón de que no estás en edad para casarte. El noviazgo no es para andar brincando de flor en flor.

¿Para qué quieres a los 16 o a los 17 años andar de novio y mucho menos casarte? ¿Para qué te avientas a una responsabilidad que todavía no estás listo para enfrentar? A esa edad todavía no tienes la madurez para decir que no, ni la fuerza para resistir los deseos de la carne. Y son deseos normales, son deseos naturales, son deseos que Dios te dio. Pero son deseos que puedes desatarlos únicamente cuando ya te has unido en matrimonio. Pon tus pies sobre la tierra.

Va a llegar un momento cuando ya estés listo para casarte, cuando ya lo sientas en tu corazón como algo normal y natural. Mientras tanto aprende a tener amigos y amigas. Lo más normal es que te atraiga el sexo opuesto, no estoy hablando en contra de eso, pero acuérdate que el noviazgo es una bomba de tiempo a la que se le va acabando la mecha, y la carne (tu naturaleza caída) te va exigiendo más y más.

Ya lo hemos visto, primero le agarras la manita, pero una vez que te atreviste, se rompe algo, y luego le pasas la mano por la cintura, y luego en la despedida primero le das un besito en la frente y le dices "nos vemos mañana, con permiso" y te vas. Pero al otro día ya no

Consejos para el Noviazgo Cristiano

te vas a conformar, al rato en la mejilla, y al otro día en la otra, y luego en la boca y después por todos lados.

Y al rato tu mano ya no se conforma con la cintura, y al rato explota la bomba, porque se acabó la mecha. Por eso los noviazgos largos son un peligro, así que espérate, no hay prisa, no te lo van a robar. Y si te lo robaron no era de Dios.

Dios ha diseñado a un hombre increíble para tu vida, y ha preparado una mujer increíblemente perfecta solo para ti, y no hay nada en este mundo que te lo pueda robar si tú decides permitir que Dios intervenga. Si tú guardas sus principios, Dios guarda sus promesas y las cumple en tu vida, pero si tú te adelantas, entonces ten por seguro que tropezarás con los más graves problemas.

3
Mi experiencia

Tengo más de 35 años de casado y puedo decirte que yo estuve a punto de arruinar mi vida. Cuando estuve en la escuela bíblica me estuve a punto de casar con una muchacha canadiense. Ella cantaba como los ángeles, era de tez blanca y tenía ojos azules. Yo pensaba que ni el arcángel Miguel tenía esa voz, era impresionante, la mejor voz del Instituto Bíblico Cristo para las Naciones. En ese tiempo yo recién estaba aprendiendo a tocar la guitarra, ella cantaba, y nos empezaron a invitar a iglesias mientras todavía estábamos en el Instituto Bíblico estudiando. Así que nos invitaban a ministrar los domingos en algunas iglesias de los alrededores, y juntos parecíamos ser el ministerio maravilloso.

Y yo te digo delante de Dios que nunca oré, sino que me apresuré a decidir en mi corazón: "ésta es." Sabía que la Palabra de Dios dice "Fíate de Jehová de todo tu corazón", pero yo no confié, ni oré, ni consulté. Me gustó y me aceleré por impulsivo. Yo le decía a Dios: "Ella canta, yo toco la guitarra, así que ahí está el ministerio ya hecho, Señor, te conviene, me caso con esta." Así que un buen día le propuse matrimonio.

Pero era algo que yo estaba forzando, porque dentro de mi corazón el Espíritu Santo me hablaba y me decía "no, no." Él no me va a gritar, Él no me va a forzar, Él no me va a torcer el brazo y decir "no te cases", sino que solamente viene y te da un consejo que lo sientes en tu interior.

Muchos se me acercan y me preguntan "¿cómo reconozco la voz del Señor?" Es muy fácil, todos nacimos con un receptor que está dentro de nosotros que se llama conciencia. El Espíritu Santo siempre hablará a tu conciencia, le conozcas o no le conozcas, el Espíritu Santo les habla siempre a todos los hombres. Los problemas surgen cuando los hombres violan o ignoran totalmente a la voz de su conciencia.

Cuando el Señor viene a tu vida y escuchas esa voz interior que te dice "no", debes aprender a guiarte por esa suave voz de tu conciencia, es muy fácil y muy sencillo. No tienes que oír grandes voces, potentes truenos o que se te aparezcan ángeles refulgentes llenos de esplendor, no se necesita nada de eso. Dios te habla directamente al corazón, y te dice "sí, este es el muchacho correcto", o "no, cuidado con esa persona."

Volviendo a la historia que estaba contando, el Señor me hablaba y me decía "no." Pero igual seguimos en nuestra relación, pusimos fecha y todo el mundo se enteró. Parecía que estaban todos de acuerdo y que simplemente aplaudían el gran ministerio en formación. Todo parecía maravilloso por fuera, pero por dentro yo seguía escuchando ese sonido de negación que venía de parte de Dios, y aun así yo seguía tratando de convencer a Dios de que esta muchacha era para mí.

En ese tiempo recuerdo que estaba estudiando no solamente para la escuela bíblica, lo que hacía por la mañana, sino que también trabajaba en la tarde para pagar mi beca, de cinco a seis de la tarde comíamos y desde las seis hasta las once de la noche estudiaba aviación. Porque mi papá me insistió que buscara otra carrera, pues "eso de leer la Biblia todo el día no sirve para nada", me decía. Entonces para calmarlo le dije que iba a estudiar aviación, y así fue como me metí a estudiar aviación en serio.

Ya para el final del segundo año yo tenía que presentar mi examen, el cual consistía de 900 preguntas, y no había forma de que me aprendiera todo eso sin meterme a estudiar de cabeza. El examen era para el lunes, y recuerdo que era sábado, y mientras estaba tapado de libros estudiando, llega ella y toca la puerta de mi departamento. En ese tiempo los dos vivíamos en el campus universitario, y abro la puerta y me dice "me invitaron este domingo a cantar en una iglesia y quiero que me acompañes para que toques la guitarra." Y le dije "No puedo, porque el lunes tengo examen, y no me puedo dar el lujo de ir a cantar, porque mi papá me va a matar si repruebo."

Lo que era la pura verdad, porque mis padres ya habían gastado un dineral en esa carrera de aviación. Así que le dije "perdóname, pero no puedo." Y se puso como loca y me empezó a gritar "no me apoyas en mi ministerio, tengo que ir a cantar, ¿cómo no me vas a apoyar?, es MI ministerio y tienes que ir conmigo." Y le dije: "No voy", y cerré la puerta. Listo. Ella se dio la vuelta y se fue gritando quién sabe qué tantas cosas.

Ahí como que ya se me confirmó del todo el "no" de Dios. Pero había una guerra dentro de mí, así que cerré los libros de aviación y dije "qué me importa la aviación, ¿qué estoy haciendo con mi vida?" Recién ahí empecé a buscar a Dios. Ese día me puse en serio con el Señor, porque en realidad nunca lo había consultado, sino que simplemente tomé esa decisión de casarme con ella sin preguntarle antes. La verdad es que sería mejor brincar del puente más alto y tirarte de cabeza antes de tomar la decisión de con quién casarte sin consultarle a Dios. Es lo peor que puedes hacer.

Pero después de haberme comprometido, luego de acordar la fecha, y una vez que todo el mundo lo sabía, recién a esa altura me puse a consultarlo al Señor. Y me metí todo ese día a ayunar, a orar y a oír Su voz. Y por más que no paré de orar en todo el día el Señor no me habló, aunque en realidad Él ya me había hablado, solo que yo me andaba haciendo el loco. Y al final dije: "bueno, Señor, si para el final del día tú no vas a hablarme audiblemente, entonces de seguro utilizarás tu Palabra, y me vas a hablar, porque de aquí no me muevo si no me dices qué hacer."

Hay algo que yo decidí hace mucho tiempo, y fue cuando Dios se hizo real en mi vida, cuando me di cuenta que Dios realmente existía y que era más real que yo mismo, ese día yo decidí obedecer a Dios el resto de mi vida. Y en esta ocasión no lo estaba obedeciendo ni estaba oyendo su voz, sin embargo yo me metí sinceramente a buscar al Señor y le dije: "¿cuál es tu voluntad, Señor? No me muevo de aquí hasta que me hables y me digas qué quieres hacer con mi vida."

Y abrí la Biblia, y la abrí en el libro de Jueces capítulo 14, donde dice que el terco de Sansón se quería casar con una filistea, y en Jueces 14.2 dice: *"Y subió, y lo declaró a su padre y a su madre, diciendo: Yo he visto en Timnat una mujer de las hijas de los filisteos; os ruego que me la toméis por mujer."*

Sansón estaba como un niño cuando hace berrinches: "yo la quiero, quiero mi filistea." Y Dios me habla cuando llego al versículo 3, que dice: *"Y su padre y su madre le dijeron: ¿No hay mujer entre las hijas de tus hermanos, ni en todo nuestro pueblo, para que vayas tú a tomar mujer de los filisteos incircuncisos?"*

Cerré la biblia y dije "no me caso con ésta", era canadiense, era otra cultura, otra educación, otra mentalidad, otra raza, todo era otra cosa. ¿Te imaginas la montaña de diferencias que había? Yo estaba violando todos los principios de Génesis 24. Y la historia de Jueces termina con que Sansón le responde a su papá "Tómame ésta por mujer, porque ella me agrada." Terco, necio, obstinado. Igual que Saúl. ¿Sabes cómo acabó Sansón? Suicidándose con el enemigo. ¿Cómo acabó Saúl? Suicidándose con su propia espada. Por tercos, por necios y por obstinados.

Sansón estaba como necio por querer casarse con una filistea, y eso es lo que le respondió a sus padres: "no, que yo me quiero casar, y con ésa." Pero cuando yo leí

"¿no hay mujer en tu pueblo como para que te vayas a casar con una extranjera?" ahí me cayó el veinte, porque yo me iba a casar con una canadiense. Entendí el mensaje del Señor muy claramente esa tarde, así que cerré la Biblia y dije "no me caso Señor, perdóname." Caí de rodillas, y le pedí perdón al Señor por lo necio que estaba siendo.

Inmediatamente después me paré y me fui a la casa de esta chica. Me hicieron pasar y me senté a su lado en el sillón de la sala de estar. Ella estaba a mi lado y yo estaba bien calladito, pensando dentro de mi "¿y cómo le digo?" La mamá estaba enfrente y estaba tejiendo, era una mujer bien lista en el Señor, así que como veía que yo no hablaba nada, se paró y me preguntó: "¿qué te pasa, Jorge?" Le dije: "no siento paz", eso fue todo lo que dije, no tengo paz.

Se escuchó un solo grito en toda la casa: "¡Aaaaaaaah!" Luego de gritar, la madre se fue a sentar para llorar, salió el papá y preguntó: "¿qué te pasa?" "No se casan", balbuceó la madre, y se desató la tercera guerra mundial. Eso fue como a las ocho de la noche, y recién como a las dos de la mañana logré salir de la casa, después de tratar de calmar toda la bronca.

¿Pero sabes una cosa? Entró la paz de Dios acá adentro, en mi corazón. La puerta de esa casa se cerró y salí libre, y se quedó toda esa bronca ahí adentro, pero a mí me inundó una paz que no podía explicar. Se desató la guerra afuera, pero adentro yo sentía paz, y empecé a sentir el sonido de aprobación de Dios sin el cual yo no puedo vivir. Ni tú ni yo deberíamos vivir nuestras vidas sin la aprobación de parte de Dios para todo lo que hacemos.

En ese tiempo tenía yo que terminar mi carrera de aviación, así que la terminé, junto con la escuela bíblica, y por las tardes, cuando no tenía nada que hacer, me metía a estudiar la palabra de Dios, y me encerraba en mi cuarto a orar. Y en uno de esos días le dije: "Señor, no quiero saber nunca jamás de ninguna mujer, nunca más." Se lo dije a Dios muy en serio, ¿sabes por qué? Porque lastimé a esa muchacha.

Hoy me doy cuenta de que no podemos andar hiriendo a todo el mundo, pensando "a ver si me gusta ésta, a ver si me gusta aquel." No podemos ir por la vida jugando con los sentimientos humanos, ni tampoco podemos andar destruyendo gente. Hay muchos jóvenes que hacen eso mismo, sólo por andar haciéndose los galanes, por andar poniéndose retos y desafíos del tipo "a ver si me conquisto a la más bonita." Y lo más probable es que la vas a conquistar, pero la vas a destruir. Y yo devasté y lastimé a esa muchacha.

Gracias a Dios, años después recibí una carta donde ella me libraba de toda responsabilidad y donde decía: "Jorge, gracias porque oíste a la voz del Espíritu, de lo contrario hubiéramos sido un verdadero fracaso, y yo te libero de toda esta responsabilidad para que seas libre en tu matrimonio, porque Dios me ha liberado y me ha sanado. Que seas muy feliz, que Dios te bendiga y te use poderosamente." Cuando yo leí esas líneas, la liberación y la sanidad de Dios entraron a mi corazón.

Esa muchacha era una mujer preciosa de Dios, pero no era la que Él tenía para mi vida. Y déjame decirte una cosa: yo no quiero nada que no provenga del corazón de Dios. He aprendido a escoger lo mejor de Dios, no me conformo con lo bueno, ni con lo mediocre, yo quiero lo mejor. Y para eso necesitamos aprender a dejarlo escoger a Él.

Y fue así que en uno de esos días en que yo estaba orando, clamando a Dios y pidiéndole su unción, el Señor hizo algo. Yo no estaba pidiendo mujer, es más, no estaba pidiendo ninguna otra cosa sino que le pedía "úngeme Señor, prepárame", porque ya estaba a punto de regresar a México y no sabía qué iba a hacer. Y en eso, cuando estaba yo orando, me cayó el nombre de mi esposa: "Evangelina", como si me hubieran tirado un bote de agua helada.

Evangelina, así me cayó, Dios me habló. Y dije "qué bruto he sido, la tuve a mi lado todo el año y medio escolar que estuvimos juntos", porque ella había terminado seis meses antes que yo. Recuerdo que ella guardaba mi lugar, yo le guardaba su lugar, y éramos los únicos que orábamos por México todos los viernes. Era una mujer espiritual, una mujer que amaba al Señor, y yo por andar buscando ojitos azules o rubiecitas, o de acuerdo a lo que Hollywood me había enseñado, por bruto no vi que tenía a esa mujer a mi lado todo ese tiempo.

Con el tiempo supe que ella había estado enamorada de mí, y yo ni cuenta me di. A veces somos muy brutos los hombres. Pero yo dije "esta vez no voy a echarla a perder otra vez", a pesar de que Dios me había hablado. Así que volví a México y al segundo día corrí a su casa, pero con cuidado, porque pensé "primero voy a ver qué onda."

Y para entonces ella había empezado un grupo de niños con Gonzalo Vega. Eran como quince niños y como veinte adultos. Ella estaba encargada de dar las clases, y me dijo "oye, te invito a que dirijas la alabanza con ellos, enséñales cantos nuevos." Yo estaba recién aprendiendo a tocar y a cantar, y había traducido algunas canciones que había escuchado en Estados Unidos. Y fui, y empezamos a ministrarles a esos niños, los únicos que aguantaban mis berridos en ese momento.

Me acuerdo que Gonzalo estaba viendo ahí, porque siempre ha sido muy observador, y se paró ahí atrás, oyó las canciones y al final se acercó y me dijo "pues es un estilito así muy tejano, pero está bien", esa fue la primera opinión que me dio. De ahí nos aceptó, nos adoptó y empezamos a ministrar con él.

Y de a poco me empezaron a invitar a predicar, y recuerdo que una vez fui a una iglesia a ministrar y ella me acompañó. Y de regreso teníamos como una hora de camino, íbamos en mi Volkswagen ella y yo manejando, pero el tercer acompañante era un silencio aterrador. Ya llevábamos tres meses de ir y venir de aquí para allá predicando, enseñando canciones, ministrando y cuántas cosas más, pero no habíamos dicho ni una palabra. Cuando íbamos en el carro era un silencio sepulcral, íbamos bien callados.

Yo creo que más bien estaba aterrorizado por la mala experiencia que había tenido anteriormente. Pero finalmente un día me volteo y le digo "oye" y ella me dice "qué", y le digo "pues hay que orar por nuestra relación, ¿no?", "sí, como no", esa fue toda la conversación. Llegamos a su casa, estábamos tan aterrorizados que no pudimos hacer ni una oración juntos, ella se bajó del auto y le dije "nos vemos." Y me fui.

Y dice ella que cuando entró a su casa oyó la voz de Dios diciéndole "ni ores, la respuesta es sí." Recién como a la semana le hablé por teléfono, aterrorizado de que me fuera a decir "olvídalo", pero le dije "voy para tu casa", y me dice "ven", y le pregunté, "¿qué pasó, oraste?", y me dice "sí", y le digo "¿quieres ser mi novia?" y ella dijo "sí."

¿Sabes cuánto duramos de novios? Una semana. Porque a la semana de estar de novios, le dije: "mira, para qué hacernos los locos. Esto es de Dios, vamos a casarnos y ya." La cuestión es que yo no tenía ni en qué caerme muerto. Tenía un Volkswagen, tenía mucha fe en Dios, muchas ganas de servirle, y tenía la firmeza y la seguridad de que esta relación era de Dios.

Ella dijo que sí a mi propuesta y luego le dije: "pues vamos a poner fecha, y en dos meses nos vamos a casar, nada más tengo que ir a predicar a unos lugares que me invitaron y cuando regrese nos casamos."

Pero cuando Eva comparte las noticias y su familia se entera de nuestros planes, me manda a llamar su papá, me hace sentar en la sala de estar, y me dice "a ver, Jorge, siéntate por favor. La verdad es que me tienen muy preocupado, porque mi hija está acostumbrada a la mejor ropa, vivimos en la mejor colonia de México, cinco veces la he llevado a Europa, nunca le he negado nada, ella tiene acceso a las mejores comidas, las mejores escuelas, y la verdad es que no veo qué tengas tú qué ofrecerle a mi hija."

Y mientras él hablaba yo estaba pensando "¿y ahora qué digo?" Pero junté coraje y le dije algo así: "Mire, señor, lo único que puedo ofrecerle a su hija es mi fe en Dios y el llamado que tengo en mi vida. Ella tiene la misma fe y el mismo llamado, de ahí en más me encantaría decirle otras cosas, pero no, es todo lo que le puedo ofrecer." Así que el doctor se paró y me dijo: "pues admiro su fe", se dio la media vuelta y se retiró.

Nos casamos, y desde ese día Dios no ha cesado de abrir puertas, ya llevamos más de 35 años casados y no ha habido un solo día en que Dios nos abandone, no ha habido un solo día que no tengamos qué desayunar, dónde vivir ni qué comer. Mis hijos nunca han dado gracias a Dios con zapatos rotos, jamás han tenido necesidad de pedir limosna, y Dios jamás nos rebajó del nivel social al que estábamos acostumbrados. Dios nos ha abierto más puertas de las que podemos entrar. Al momento de escribir esto vivimos en la ciudad de Córdoba, Argentina, en donde por lo menos diez veces por día suena el teléfono en mi casa con llamados de pastores de diferentes partes de todo Latinoamérica y de Europa pidiendo que vayamos y que les demos seminarios, predicaciones, conferencias, congresos y conciertos.

Dios es un Dios de verdad, y es un padre amoroso. Cuando tú le obedeces, te metes al mismo corazón de Dios y ahí es donde Él puede bendecirte. No seamos sabios en nuestra propia opinión, leamos su Palabra, atendamos a sus principios y pongámoslos en práctica en nuestra vida.

Puedo decirte que soy infinitamente feliz. Dios me ha dado una esposa de primera, me ha dado unos hijos sanos, preciosos e inteligentes. Y todo esto es parte de la bendición de Dios, tenemos un ministerio mundial, con el cual hemos alcanzado a millones de personas afectándolos para la eternidad, que es algo maravilloso, y le damos a Él toda la gloria de todo lo que ha hecho en nuestra vida y a través de nuestra vida. Y si Dios ha hecho esto a través de una pareja que ha decidido decirle sí al Señor en todo, cuánto más podrá hacer Él a través de ti si de verdad te entregas para obedecerle en todo.

4
Palabras finales

Tómate 10 minutos a solas y vuelve a leer Génesis 24. Y lo más probable es que encuentres aún más principios. Obedécelos, escríbelos, acuérdate de cada uno de ellos. No violes esos principios, porque solo van a traer desgracias a tu vida. La vida es maravillosa cuando aprendes a disfrutarla en cada etapa por la que vas pasando. La felicidad únicamente la encuentras con Jesucristo, fuera de Jesucristo no hay felicidad.

Ahora tú tienes el derecho a pensar, y tienes el derecho a escoger. Lo que te he compartido es lo que dice la palabra de Dios y lo que la poca experiencia que yo tengo en esta vida me ha enseñado.

Amigo lector, yo empecé a tu edad, yo empecé a decirle "sí" al Señor en todo, y te digo algo: vale la pena decirle sí, vale la pena esperarse, vale la pena aguantarse. Porque de esa manera todos tus sueños e ilusiones se van cumpliendo más allá de lo que tú esperas. Dios solo espera una cosa de ti, solo una cosa, y se llama OBEDIENCIA.

A través de las páginas de este libro Dios te hablado directamente al corazón. No a la cabeza ni tampoco a las emociones, sino al corazón y a lo profundo de tu espíritu. Como joven tienes toda una vida por delante, porque estás en lo máximo de tu vida y en lo máximo de tus capacidades. Es en esta etapa donde tu mente y tus cinco sentidos están funcionando a mil por hora.

Yo te levanto delante del Señor para que Él descienda sobre tu vida, como lo hizo Él conmigo y como lo ha hecho con tantos otros que decidieron entregarse completamente y sin condición. Le pido a Dios que no te pierdas, que no te rebeles contra Él y que cuando Él te hable su Palabra solamente puedas decir "sí, Señor." Porque con Dios no se negocia, no se alega, no se discute, sino que solamente se dice "sí, Señor."

Hoy le pido a Dios que desate una sensibilidad en tu conciencia y en tu espíritu, una sensibilidad a Su voz y a la guianza de Su Espíritu para que te enseñe y te dirija en cada paso que debes dar en esta vida.

Haz un pacto con tu Dios, haz un pacto de seguirlo y de obedecerlo, te aseguro que es lo mejor que jamás podrás hacer en tu vida. Empieza desde temprano en la vida a oír su voz y a decirle "sí, Señor." Yo le agradezco a Dios que desde temprano se reveló en mi vida, le doy gracias a Dios que jamás toqué droga, alcohol, cigarro ni anduve en tonteras. Le doy gracias a Dios que me salvó temprano en la vida. Yo no tengo un gran testimonio en el cual contar grandes borracheras ni grandes drogadas. Mi testimonio es que Dios me ha guardado, que estoy sano a los 60 años, y que tengo muchas más fuerzas que algunos de los "jóvenes" que conozco. Quiero más fuerza para servirle a Él, para amar a mi familia y para caminar en santidad con mi Dios. Mantente limpio, mantente puro. Haz un pacto con Dios, un pacto de obediencia.

La Biblia no es nada más como dicen por ahí "un papel con tinta", no, es la ley de Dios, diseñada para tu beneficio. Considera todo lo que has leído aquí, yo sé que te he dado mucha información, pero espero que te sirva, y espero que le hagas caso a Dios. Considera con quién te vas a casar, analízalo, no te aloques en tu decisión, escucha la voz de Dios. Analiza todos estos principios y toma una decisión, porque los próximos 50 años de tu vida y tu eternidad están en juego.

Déjame hacer una oración por ti: "Padre, levanto delante de ti a cada hombre y a cada mujer que está leyendo este libro. Qué maravilla es tu Palabra, es lámpara a nuestros pies, es lumbrera a nuestro camino, es para hoy y es para el futuro, para que me vaya bien, para que yo vea más claramente. Te doy gracias por la persona que está leyendo esto, y te pido que lo cuides, que lo guardes, que pueda meditar en lo que ha estado leyendo y que pueda tomar sabias decisiones. Quita la rebelión, la necedad, la obstinación y la desobediencia de su vida para con sus padres, con sus pastores, con tu palabra, contigo, en sus escuelas, con sus jefes, en la sociedad donde vivimos. Danos un buen corazón, Señor. Danos un buen corazón, obediente y limpio. Amén."

Y si ya no puedes ofrecerle ese tesoro a aquella persona amada, quiero hacer una oración por ti. A lo mejor ya perdiste tu virginidad de una u otra forma, pero yo creo en un Dios de milagros, un Dios que perdona, un Dios que limpia, un Dios que restaura, y yo creo que puede restaurar por lo menos tu espíritu de virginidad y sacarte toda la culpa.

"Y esto erais algunos; mas ya habéis sido lavados, ya habéis sido santificados, ya habéis sido justificados en el nombre del Señor Jesús, y por el Espíritu de nuestro Dios." 1 Corintios 6:11

Si perdiste tu virginidad, si te metiste en algunas de las cosas de las que hemos hablado anteriormente, no tienes por qué seguir haciéndolas, estás a tiempo de que Dios restaure tu vida. Déjame orar por ti ahora:

"Señor, levanto a cada mujer preciosa que esté leyendo esto. Cada una es preciosa, es una princesa. Levanto también a cualquier varón lector, porque es un príncipe de Dios. Dales madurez a cada uno de ellos para que entiendan su responsabilidad en la vida. Ayúdanos a madurar y ayúdanos a ver los peligros que hay, restaura, Señor, el espíritu de virginidad en sus vidas. Restáuralos, activa su inteligencia y toca su discernimiento. Levanta tu voz y dile a tu Dios: Señor, perdóname si te he fallado en alguno de estos principios y ayúdame hoy y el resto de mi vida a manejarme con tus principios. Te amo por encima de mis más grande deseos, te amo por encima de mis más grandes necesidades, te amo, Señor y tú eres la más grande necesidad de mi vida. De aquí en adelante decido consultarte en todo, tanto en las decisiones grandes como en las pequeñas. De aquí en adelante decido no ser prudente en mi propia opinión. No quiero ser sabio según lo que a mí me parece, sino que quiero reconocerte en todos mis caminos para que tú endereces mis veredas. En el nombre de Jesús. Amén."

Preguntas y Respuestas

Las siguientes preguntas y respuestas fueron parte de un taller para jóvenes que se dio en Córdoba, en el año 2012. Las preguntas fueron anónimas, hechas por los jóvenes presentes, y luego fueron respondidas por el pastor Jorge Lozano.

¿Puede haber yugo desigual aun dentro de la iglesia?

Lo que tienes que ver es qué ha hecho esa persona con su jardín. Si no ha hecho nada, y decides casarte con él, pues es un yugo desigual, porque si no ha hecho nada con su vida tampoco hará nada en la tuya, aunque sea cristiano. La triste realidad es que hay muchos vagos en la iglesia, hay muchas personas que no estudian ni trabajan, y se dedican a hacer absolutamente nada. Esas personas no sirven para absolutamente nada, porque no han despertado, no te convienen. Si te casas con un vago o con una vaga, con un flojo o con un inútil, entonces sí que puede haber yugo desigual aun dentro de la iglesia.

¿Cuánto tiempo es recomendable estar de novio antes de casarse?

El noviazgo sirve para ver y conocer a la otra persona. Un noviazgo muy largo es muy peligroso, porque un noviazgo largo te indica que algo está mal. O el tipo no se atreve, o no se quiere casar, o no quiere tomar la responsabilidad, o quiere nada más los beneficios pero no quiere las responsabilidades. Un noviazgo saludable imagino yo que entre dos, tres hasta cuatro años, pero más ya se me hace demasiado.

Yo pienso que debe llegar una edad en la que deberías decir "ya es hora de casarme", recién entonces te pones de novio. Si estás fuera de tiempo, si eres demasiado pequeño como para andar de novio, estás poniendo en peligro tu integridad física, estás corriendo serio peligro de contraer enfermedades venéreas, de embarazos no deseados, de caer en tentaciones con consecuencias para las cuales ya no hay vuelta atrás, así que es muy importante que el tiempo de noviazgo sea entre dos y tres años.

Si lo alargas más, acuérdate que el cuerpo es un tirano: en el noviazgo lo primero que haces es darle la mano a la otra persona. Al otro día ya no quieres la mano, quieres la cinturita. El primer día te despides de él con un besito en la mejilla, o en la frente, así como hacen los abuelitos. Pero ya al otro día no quieres un besito en la mejilla ni tampoco en la frente, sino que al rato ya le metes un beso apasionado en la boca.

Al otro día ya no quieres la cintura, sino que la das vuelta, te la agarras bien fuerte y le das unos apretones para los cuales no te alcanzan las manos, ya pareces pulpo. Y al otro día acaba explotando la bomba, y así estas poniendo en peligro toda tu vida.

Así que si no estás en edad para casarte, entonces no andes de novio. Si ya estás en edad para casarte, procuren que el noviazgo no sea muy largo, de lo contrario vas a acabar haciendo todo y de todo, y el día de la luna de miel ya no tiene ni chiste.

¿Es importante la mucha diferencia de edad entre las dos personas?

Tengo que opinar sobre esto porque es muy importante. El hombre tarda más en madurar que la mujer y la mujer envejece más rápido que el hombre, por lo que cuando son de la misma edad envejecen iguales.

Lo ideal es que el hombre sea mayor y que le lleve dos, cuatro, seis y hasta diez años puede ser. Pero cuando la mujer le lleva al hombre bastantes años por delante, tal vez en este momento no se note mucho, pero al pasar el tiempo la mujer ya va a parecer una señora muy grande, y el tipo va a ser un jovencito con todos los bríos, la señora va a entrar en la menopausia, se le van a acabar todas las ganas y habrá líos muy fuertes a futuro. La tormenta se ve venir a lo lejos cuando la mujer le lleva varios años al hombre, por eso digo que lo ideal es que el varón sea un poco más grande que la mujer.

¿Puede perdonar mi Señor si alguno ha perdido la virginidad a causa de una violación?

¡Claro que sí! Una violación es algo terrible, es un evento muy violento el cual no es tu culpa. Tú no provocaste eso, tú no cediste a eso, te violaron, te forzaron y la Biblia dice claramente que ninguna condenación hay para lo que están en el Señor Jesucristo.

Esto se trata de un pecado ajeno, así que tú no tienes por qué cargar con eso. Por eso existe el perdón, cuando tú perdonas cualquier cosa que te hayan hecho, el perdón te saca el pecado del otro y se lo regresa a él, y tú quedas limpio y libre.

Dios tiene todo el poder para limpiar absolutamente todo. Como leímos anteriormente: *"Y esto erais algunos; mas ya habéis sido lavados, ya habéis sido santificados."* (1 Corintios 6:11)

Si ya perdiste tu virginidad, voluntaria o involuntariamente, tanto hombre como mujer, Dios puede restaurar el espíritu de virginidad. Yo lo creo porque yo lo experimenté en mi vida. Cuando yo me casé sentí que me casé virgen, a pesar de mi vida anterior. Dios me limpió, y me restauró como si nunca jamás lo hubiera hecho. Es algo extraordinario lo que Dios hace en la vida de una persona cuando uno se entrega a Él verdaderamente.

¿Qué pasa en el caso de que ya hayan tenido relaciones y ahora tengan hijos? ¿Dios te perdona? ¿Cómo se sigue, hay que casarse sí o sí? ¿Hasta el casamiento no se debe tener más relaciones?

Si ya tienes hijos, si hace años que ya viven juntos, yo te voy a decir una cosa. No tienen por qué vivir juntos, porque no eres perro, ni gato, ni burro. Un burro se junta y rejunta con la burra y listo. Pero nosotros somos seres humanos, y si tú por ignorancia, y por la corriente del mundo, y porque no conocías a Dios te juntaste con una persona y ya tuviste hijos, entonces arregla esa situación.

¿Por qué? Por el bien de todos, por el bien de tus hijos tienes que tener una libreta de familia, recuerda que vives en una sociedad, tienes que tener un documento de identidad. Hay unos que ni siquiera se reportan al registro civil porque dicen "na, no sirve para nada." Sí que sirve, porque no puedes hacer ningún trámite sin documentos que acrediten tu identidad, y no puedes hacer ningún trámite sin libreta de familia.

Yo acabo de casar en Bell Ville, una ciudad al sur de Córdoba, a un cieguito que estaba rejuntado con otra viejita. Y resulta que éstos ya andaban predicando, congregando gente y haciendo reuniones, así que un día se me ocurre preguntarle a ella: "¿y ustedes están casados o qué?" Casi se atraganta la mujer, pero logró decir muy difícilmente: "no, estamos juntados." Así que les dije que cómo iban a estar predicando la Biblia y abriendo reuniones en no sé dónde, sin siquiera poner en orden sus vidas. La señora fue, le dijo al cieguito, y juntos fueron corriendo al registro civil, se casaron allí y me pidieron que los casara.

El día de la boda fue hace como un mes, y casi llegando al final, con la pareja enfrente y toda la gente rodeándolos, les pregunto: "¿y los anillos?", "se nos olvidaron", me respondieron. Pero a los pocos días ya traían sus anillos.

Así que tienes que ordenar tu vida, porque Dios es un Dios de orden. Si tu vida es un desorden entonces Dios no puede formar parte en tus cosas, en tus proyectos ni en tu familia.

Con respecto a la última pregunta, habiendo estado juntos tantos años, ¿hay que esperar a tener todos los trámites listos y al casamiento en el registro civil para convivir?

Si ya están juntos hace muchos años, si ya tienen hijos, ya no le hagas a la santidad ahora diciéndole a tu pareja "no me toques." Usa también el cerebro. No te niegues, porque ya es tu esposo.

¿Cuál sería el límite en la demostración de cariño entre novios?

Tiene que haber un respeto, y tienes que darte a respetar. Quiero decirte una cosa, es la mujer la que tiene que poner los límites, es la mujer la que tiene que establecer hasta dónde llega el tipo, porque de lo contrario el hombre siempre va a avanzar.

Si él le toma la cintura a la muchacha y ella lo esquiva diciéndole "oye, ¿qué te pasa? Agárrame la mano pero tranquilízate", él va a poner la mano donde debe y no donde quiere. Ahora bien, si él quiere poner su mano en tu cintura y tú lo dejas, listo, ya estás más cerca de equivocarte la próxima vez. Si de pronto te da vuelta y te mete un beso bien apasionado sin siquiera pedírtelo, y tú no le dices nada, prepárate. Y si él empieza a agarrarte por todos lados en el oscurito y si en el tiempo a solas empieza a manotearte por todos lados y no le dices nada, prepárate.

Pero si tú pones el alto y le dices "esto no está bien, porque nos vamos a meter en grandes líos, mejor no hagamos esto, vamos a respetarnos." La mujer pone el límite y el freno. Y si el tipo no se quiere frenar, y si constantemente notas que te está forzando a ir por un camino por el que tú no quieres transitar, entonces claramente es un tipo que no te conviene.

Recuerda que si no pones límites, si no los estableces de antemano, el cuerpo es un tirano y no para. Yo sé que es muy difícil ponerle freno y establecer límites, pero tienes que hacerlo, porque de lo contrario no hay ni ninguna diferencia entre tú y todos los que están ahí afuera que van rumbo al infierno.

¿Qué pasa con los hombres afeminados que ya se casaron?

¿Afeminados u homosexuales? Porque hay hombres afeminados y hay hombres homosexuales que están casados, y se casan para aparentar e impresionar. Si eres uno de ellos tienes que cambiar tu estilo de vida a fuerza. Para eso contamos con la ayuda de Dios, pero esto también es una cuestión de voluntad.

La única medicina y la única solución para el homosexualismo es el perdón. No hay otra. Puedes hacer mucha terapia y reflexionar sobre quién te hizo, y por qué te lo hizo, y quién es el culpable. Pero tú sabes muy bien quién es el culpable, y tienes que perdonarlo. Tienes que sacarlo de tu corazón y decir "ya no quiero esa contaminación en mi vida, esto no es normal, esto me va a llevar al infierno", debes tomar una consciencia real y cambiar tu forma de ser: hablar como hombre, moverte como hombre y dejar lo que es de mujer. Hombres, sean masculinos, sean caballeros y compórtense como hombres, por favor.

¿El enamoramiento se va? ¿El amor de pareja es eterno?

Claro que sí puede ser eterno, y el enamoramiento no tiene por qué irse cuando tú realmente amas a Dios y amas a tu pareja. Se puede mantener el romance, se puede mantener el amor toda la vida, así engordes y se te caiga el pelo.

Eva me dice "me gustas más ahora que no tienes pelos en la cabeza que cuando sí los tenías." El amor se puede mantener, se puede continuar, y ¿sabes una cosa? Cuando yo veo a mi esposa, que en esta época ha subido de peso a causa de sus enfermedades, de todas maneras me gusta, gordita o no gordita, como esté me encanta, y no me asusta en las noches, sino que es agradable lo que yo veo. Entonces, el amor sí puede mantenerse toda la vida, y cuando estés entrando en la vejez, todo eso se pude aguantar cuando tú la amas, y cuando ella te ama a ti. Sí que se puede mantener ese romance siempre.

Estimado Lector:

Nos interesan mucho tus comentarios y opiniones sobre esta obra. Por favor ayúdanos comentando sobre este libro. Puedes hacerlo dejando una reseña en la tienda donde lo has adquirido.

Puede también escribirnos por correo electrónico a la dirección info@editorialimagen.com

Si deseas más libros como éste puedes visitar el sitio web de **Editorialimagen.com** para ver los nuevos títulos disponibles y aprovechar los descuentos y precios especiales que publicamos cada semana.

Allí mismo puedes contactarnos directamente si tienes dudas, preguntas o cualquier sugerencia. ¡Esperamos saber de ti!

Más libros del autor

 **Cerca de Jesús** - Acércate a la cruz y serás cambiado para siempre

En este libro, el pastor Jorge Lozano, quien nació en México y vive en Argentina desde hace más de 20 años, nos enseña cómo acercarnos más a la persona de Jesús para experimentar Su abrazo y ser cambiados para siempre.

 **Dios está en Control** - Descubre cómo librarte de tus temores y disfrutar la paz de Dios

Jorge Lozano, quien nació en México y vive en Argentina desde hace más de 20 años, nos enseña cómo librarnos de los temores para que podamos experimentar la paz de Dios.

A medida que lees descubrirás:

- Cómo resolver los problemas de la vida
- Cómo experimentar la paz de Dios en medio de la tormenta
- Cómo vencer los temores
- Cómo sanar las heridas del alma
- Y mucho más.

La clave de Dios para
la salud y la felicidad

Jorge Lozano

La Ley Dietética - La clave de Dios para la salud y la felicidad

Es hora de que rompamos la miserable barrera nutricional y empecemos a disfrutar de la buena salud y el bienestar que Dios quiere que tengamos.

Más libros de Interés

Promesas de Dios para Cada Día - Promesas de la Biblia para guiarte en tu necesidad

Nuestro Padre es un Dios de Amor y no retiene ningún bien. En Su Palabra encontramos los regalos y bendiciones que nuestro Padre tiene para nosotros.

Harto de Religión - Pero deseoso del Dios vivo

Si tuviera que definir en muy pocas palabras el objetivo que persigue este libro, diría que, con una inocultable nostalgia, Picone pide volver a los tiempos del "primer amor", como reza Apocalipsis, donde quizás había menos luces, menos rayos láser, menos marketing y más simpleza y profundidad en la fe.

Instinto de Conquista

Es un libro motivacional, que desafía la inquietud de cualquier persona que anhele un cambio en su vida y no sabe por dónde comenzar.

Perlas de Sabiduría – Un devocional - 60 días descubriendo verdades en la Palabra de Dios

Una perla que se produce en el mar tiene un valor muy alto. Ha comenzado por ser un diminuto grano de arena para luego convertirse en algo muy bello que muchos buscan y codician.

Gracia para Vivir - Descubre cómo vivir la vida cristiana y ser parte de los planes de Dios

Martin Field, nos comparte en este libro sobre la gracia que proviene de Dios. La misma gracia que trae salvación también nos enseña cómo vivir mientras esperamos la venida de Jesús.

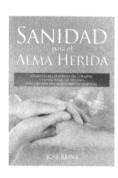

Sanidad para el Alma Herida - Como sanar las heridas del corazón y confrontar los traumas para obtener verdadera libertad espiritual

Este es un libro teórico y práctico sobre sanidad interior.

Vida Cristiana Victoriosa - Fortalece tu fe para caminar más cerca de Dios

En este libro descubrirás cómo vivir la vida victoriosa, Cómo ser amigo de Dios y ganarse Su favor, Lo que hace la diferencia, Cómo te ve Dios, Cómo ser un guerrero de Dios, La grandeza de nuestro Dios, La verdadera adoración, Cómo vencer la tentación y Por qué Dios permite el sufrimiento, entre muchos otros temas.

Cómo hablar con Dios – Aprendiendo a orar paso a paso

A veces complicamos algo que nuestro Señor quiere que sea sencillo, es por esto que en este libro podrás encontrar detalladamente las respuestas a las preguntas:

- ¿Cómo debo orar?
- ¿Qué me garantiza que Dios me va a responder?
- ¿Qué palabras debo usar?

Dios Contigo - Tu Padre quiere hablarte y tiene un mensaje para ti

Varios autores se han reunido para darle forma a este libro, cuya intención es acercarte más al corazón de Dios.

30 días con Dios - Lecturas diarias que te fortalecerán y te acercarán al Padre

Lo que leerás a continuación es un devocional que hemos preparado con algunas de las reflexiones que ya hemos enviado por correo electrónico a miles de personas alrededor del mundo desde al año 2004

Espíritu Santo, ¡Sopla En Mí! - Aprendiendo los secretos para un vida de poder espiritual

¿Realmente queremos vivir una experiencia que revolucione nuestro presente, que haga la diferencia entre la muerte y la vida espiritual? De eso trata este libro. Te guiará a conocer al Espíritu Santo como persona. También aprenderás que es posible vivir una vida llena de su presencia.

CPSIA information can be obtained
at www.ICGtesting.com
Printed in the USA
LVHW050748080320
649294LV00014B/421